Le Théâtre à côté

Par Adolphe ADEREP

Préface de M. F. SARCEY.

PARIS
ANCIENNE MAISON QUANTIN
Librairies-Imprimeries Réunies
MAY & MOTTEROZ, DIRECTEURS
7, rue Saint-Benoît.

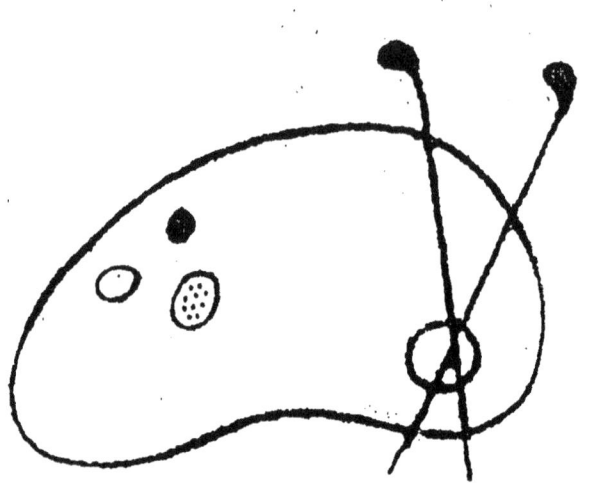

Fin d'une série de documents en couleur

LE

THÉÂTRE A CÔTÉ

*Il a été tiré de cet ouvrage
15 exemplaires sur papier de Hollande numérotés.*

ADOLPHE ADERER

LE
THÉÂTRE A CÔTÉ

PRÉFACE

PAR

FRANCISQUE SARCEY

PARIS
ANCIENNE MAISON QUANTIN
LIBRAIRIES-IMPRIMERIES RÉUNIES
MAY ET MOTTEROZ, DIRECTEURS
7, RUE SAINT-BENOIT, 7

1894

Tous droits réservés.

PRÉFACE

Mon collaborateur et ami Adolphe Aderer réunit en volume les études qu'il a publiées au jour le jour, dans le *Temps*, sur ces théâtres qu'il appelle les théâtres à côté.

Il a écarté de son travail le Théâtre Libre, d'Antoine, et l'Œuvre de Lugné-Poé. Le premier de ces deux théâtres mériterait une histoire à part, et je crois qu'Antoine a l'intention de l'écrire un jour.

Quant à l'Œuvre, elle n'a pas encore donné sa mesure, mais il est probable qu'elle aussi aura une destinée intéressante. Aderer a eu raison d'attendre, avant d'en parler, qu'elle ait justifié les espérances qu'elle a fait concevoir. On n'en pourrait pour le moment rien dire qui fût parfaitement juste.

Il y a toujours eu des théâtres à côté. C'est en 1796 que Aderer fait remonter la fondation du premier, qui fut celui des « Jeunes Artistes »; mais durant tout le XVIII° siècle, les grands seigneurs firent jouer chez eux la comédie : le théâtre de la duchesse du Maine était célèbre. C'est sur un théâtre de société que se produisirent la plupart des pièces égrillardes de Collé. Mais l'auteur n'a pas voulu sans doute remonter plus haut que la Révolution.

Je n'ai point vu le théâtre des Jeunes Élèves dont il parle, mais j'ai vu les artistes célèbres qui en sont sortis : Lepeintre aîné, le gros Lepeintre jeune, Monrose le père, Rose Dupuis, Firmin et surtout cette merveilleuse Déjazet qui a empli de sa renommée tout un demi-siècle.

Autrefois, c'était dans ces bouibouis ou dans les théâtres de province que se formaient les acteurs. Car il y avait en ce temps-là en province un théâtre bien vivant; chaque ville avait ses artistes, que le public de l'endroit aimait et dirigeait, et qui apprenaient là leur métier avant de venir à Paris. Déjazet, qui a débuté au théâtre des Jeunes Artistes, a couru longtemps la province avant de se faire une réputation à Paris. Il en fut de même de Monrose qui, je crois, joua longtemps aux Célestins de Lyon.

Cette Rose Dupuis, dont parle Aderer, ce fut la mère de Dupuis qui est mort il y a quelques années au Vaudeville, après tant de belles créations. C'était une actrice de premier ordre; mais elle eut le malheur d'avoir pour chef d'emploi à la Comédie-Française Mlle Mars qui était une actrice de génie. Elle disparut, elle s'évanouit durant vingt-cinq années dans ce rayonnement. Elle avait 80 ans quand j'eus l'honneur de lui être présenté par son fils. C'était une vieille femme très aimable et fort alerte encore, bien qu'aveugle. Elle me conta avec beaucoup de bonne grâce, sans ombre d'acrimonie, la mauvaise chance de sa vie perdue. Firmin jouait encore les grands jeunes premiers quand j'étais au collège; il avait alors la réputation dont jouit plus tard Delaunay. Lui aussi, il avait fait ses premières armes en province.

A partir des Jeunes Élèves, nous entrons, avec le théâtre de la Tour-d'Auvergne, dans l'histoire contemporaine. La Tour-d'Auvergne! Ah! que ce nom me rappelle d'aimables et gais souvenirs ! C'est là que j'ai connu ce Ricourt et ce Boudeville dont vous nous parlez, mon chez Aderer : Ricourt toujours exubérant et fumeur ; Boudeville, toujours affairé et important. C'est là que le premier m'a présenté Mlle Agar, toute jeune et déjà magnifique de visage, de prestance et de diction. Quant à Boudeville, je ne puis y songer sans rire de bon cœur. Il entrait chez moi en coup de vent; il avait toujours trouvé, la veille, une Mars (Ricourt a eu la spécialité des Rachel); je crois bien que toutes les lorettes de Paris (on disait lorettes alors) lui ont passé par les mains. Il me traînait avec de grands gestes, avec de terribles éclats de voix, haletant comme un chien en quête de gibier, les entendre et les applaudir.

Plus tard, j'ai vu là Baron, car je demeurais en face. On n'y faisait pas beaucoup d'art sérieux; mais comme on s'amusait de bon cœur! Aussitôt qu'une cocotte s'avisait de passer grande artiste, elle donnait à la Tour-d'Auvergne une représentation, dont elle faisait les frais; elle racolait des élèves au Conservatoire, des acteurs sur le pavé; elle envoyait des invitations à tout son petit monde, et c'étaient des fusées de rire dont vous n'avez pas idée. On riait encore vers 1865.

Je me rappellerai toujours les débuts d'une de nos amies sur ce théâtre. Comme on n'avait qu'une médiocre confiance dans son talent, on lui avait confié un tout petit rôle. Elle n'avait qu'à figurer dans un souper et qu'à dire : « Passez-moi le homard. »

Elle était Anglaise et jolie comme le sont les Anglaises quand elles se donnent la peine de l'être. Elle prononçait le français avec un accent déplorable et jamais ne put dire autrement que :

« Passez-moi l'homard. »

Nous nous exterminâmes tous à lui apprendre la phrase. Elle venait souvent déjeuner à la maison; j'avais soin d'y faire servir un homard, et quand le plat paraissait sur la table :

« Allons, Lisbeth, lui disais-je, répétez votre rôle. »

Elle bandait tous les ressorts de son intelligence et de sa volonté, et tout à coup, comme si elle se lançait dans un gouffre :

« Passez-moi l'homard, » disait-elle.

Nous suppliâmes le directeur de laisser subsister la phrase, assurant que ce serait un effet; mais c'était un homme juste et sévère comme M. Petdeloup. Il entendait que l'on respectât les textes.

L'on dit qu'après trois mois de travail persévérant, Lisbeth était en possession de sa phrase. Elle disait :

« Passez-moi... »

Puis, s'arrêtant un instant pour réfléchir, elle ajoutait : « Le homard. »

Il y avait encore un peu d'hésitation, mais ça y était ; je vous jure que ça y était. Le soir du grand jour, nous étions là toute la bande pour soutenir, encourager et applaudir Lisbeth.

Oh ! qu'elle était pâle sous son fard ! L'émotion inséparable d'un premier début. Elle se mit à table ; nous attendions pleins d'anxiété le homard fatidique. On le servit, on le découpa, et Lisbeth, la voix étranglée par la peur, dit en tremblant :

« Passez-moi... »

Prit son temps habituel, et tout à coup, avec force :

« L'homard ! » cria-t-elle.

Ce fut un fou rire. Nous nous roulions. L'hilarité générale la gagna, elle fut prise d'une convulsion de rire et à côté d'elle tous les convives. Ah! ce fut une belle soirée, messeigneurs!

Au cercle Pigalle, dont vous nous parlez ensuite, ce qui m'en a plu, c'est que les jeunes gens qui l'ont fondé en 1850 et ceux qui depuis leur ont succédé, n'ont jamais affiché aucune prétention de rénovateurs ni d'apôtres. Ils n'ont eu d'autre idée que de s'amuser eux-mêmes en amusant leurs amis. Ils n'ont jamais convié la presse qu'à leurs revues. Ils en donnaient une chaque année, écrite à la diable et jouée de même. Tout cela était bon enfant, sans apprêt, et nous avons passé là des soirées bien amusantes.

Et les Castagnettes de la salle Duprez! Quelles bonnes parties de rire j'y ai faites! C'était un jeune échappé de collège qui les avait fondées. Il s'appelait Samuel Louveau, et pour éviter la malédiction de sa famille, il cachait la honte de son escapade sous le nom de Samuel, qu'il a gardé depuis. Car c'est lui qui dirige aujourd'hui les Variétés.

Il était venu chez moi, et je m'étais intéressé à sa tentative : car il avait le diable au corps. Ah! que c'était drôle les répétitions dans ce bouibouis.

Personne n'arrivait jamais à l'heure. Samuel s'arrachait les cheveux, et l'on passait des soirées à blaguer et à rire. C'est là qu'a commencé la belle Lender; j'y ai vu Mlle Rosamond et Mlle Nancy Martel dans toute la fleur de leur dix-septième année et bien d'autres. Nous y avons joué du Victor Hugo inédit, de l'About impossible, du Mérimée inconnu. Tout était bon à Samuel qui était un convaincu et un ardent. Savez-vous bien, mon cher Aderer, qu'un de nos plus brillants confrères de la critique théâtrale a dû d'entrer dans le journalisme à son passage aux Castagnettes. C'était un licencié en droit; il était né acteur; il avait de la fantaisie et de l'esprit jusqu'au bout des ongles. Je le présentai à About qu'il charma; on lui offrit d'entrer au *XIXe Siècle*, et que de fois nous nous sommes, depuis, rappelé ces vieux et charmants souvenirs!

Je ne vous suivrai pas plus longtemps, mon cher Aderer, dans cette revue. En écrivant cette histoire rapide, vous y avez apporté vos qualités personnelles : le goût de l'observation exacte, un goût de philosophie sans pédantisme, une malice ingénieuse et discrète.

Mais je suis bien de votre avis : je voudrais qu'on apportât moins de solennité dans ces tentatives qu'on ne fait aujourd'hui. Les jeunes gens que j'ai eu jadis occasion de voir à l'œuvre, ne se préoccupaient point de régénérer le théâtre. Ça ne les a pas empêchés, vous le dites vous-même, de susciter des auteurs et des artistes. Mais ils ont fait tout cela gaiement, à la française. On est scandinave à cette heure. Ça manque de soleil et d'allégresse, la Scandinavie. Est-ce que vous ne trouvez pas ?

Francisque Sarcey.

LE THÉÂTRE A CÔTÉ

LE THÉÂTRE A CÔTÉ

I

Le goût des Français pour le théâtre. — Les sociétés d'amateurs. — Les Jeunes-Artistes. — Désaugiers. — L'aile ou la cuisse ? — La jeune fille persécutée. — Napoléon résout la crise théâtrale. — Les Jeunes-Élèves. — Virginie Déjazet.

Un voyageur, qui n'aimait point les Français, disait que, dans ses courses à travers le monde, il n'avait guère rencontré, comme représentants de notre race, que des coiffeurs ou des cuisiniers. Le même, venu chez nous, prétendait que les Français étaient un peuple d'acteurs, de « cabotins », comme dirait M. Édouard Pailleron. Ce touriste, maussade et superficiel, fait penser à cet autre de ses confrères, qui, ayant vu, dans je ne sais plus quelle ville, une femme rousse, affirmait qu'en France, toutes les femmes sont rousses. Fort heureusement, pour ceux qui aiment les brunes et les blondes et les châtaines aussi, ainsi qu'il est dit dans la chanson de *Marlbrough*, cet homme grincheux se trompait.

J'ai beaucoup voyagé et j'ai rencontré d'autres Français que des cuisiniers ou des coiffeurs. De même, il y a autre chose, en France, que des acteurs ou des cabotins : c'est une vérité qui n'a pas besoin d'être démontrée.

Ce qui est sûr, cependant, c'est que le goût des Français pour le théâtre, ou tout au moins pour le « spectacle », n'a point diminué depuis trois et près de quatre siècles. A défaut d'autres preuves, on en trouverait une dans le développement extraordinaire que les cercles ou sociétés d'amateurs, — jeunes auteurs ou jeunes acteurs — ont pris dans ces dernières années. A l'heure actuelle, ces sociétés foisonnent, elles pullulent...

Aimez-vous le théâtre ? on en a mis partout.

Si bien que la docte critique, que tant de représentations privées, s'ajoutant aux représentations des grands, moyens et petits théâtres, surmènent, se demande si elle ne laissera point de côté les réunions supplémentaires, auxquelles elle est conviée avec instance par leurs organisateurs. Déjà la « jeune » critique les a abandonnées : la jeune critique n'aime point la fatigue. La critique « mûre », que le travail effraye moins, commence, elle aussi, à reculer devant cette avalanche de soirées en surplus.

L'art dramatique profite-t-il de ces représentations annexes, multipliées à l'infini ? Les cercles et sociétés privés sont-ils pour le développement et l'avenir de l'art dramatique français un bien ou un mal ? La question est certainement intéressante. Mais, avant de chercher la réponse qu'elle comporte, il ne sera pas inutile de passer en revue, l'un après l'autre, tous ces clans dramatiques, qu'on croirait

Poussés en une nuit comme des champignons.

Nous laisserons de côté le Théâtre-Libre et l'Œuvre, dont la critique a suivi consciencieusement les efforts, et dont l'histoire est écrite dans les feuilletons du lundi. Nous nous occuperons seulement des petites sociétés qui, la plupart du temps, ont trouvé dans le pittoresque endroit plaisamment nommé « la Bodinière » l'asile nécessaire à leurs ébats.

⁂

A dire vrai, l'idée d'organiser un théâtre d'essai où les jeunes gens, acteurs et auteurs, qui se destinent à la carrière dramatique prendraient l'habitude de leur métier, ne date pas d'hier. Il y a eu des « Bodinière » dès le XVIII° siècle.

Sans remonter plus haut, en l'année 1764, un sieur Torré, artificier italien, ouvrit sur le boulevard Saint-Martin, à l'endroit où la rue de Lancry débouche sur le boulevard, une scène où il tirait des feux d'artifice... simplement. Torré est celui qui retrouva le feu grégeois que, « Dieu merci! comme le dit Brazier en ses chroniques, on avait oublié. » Le roi Louis XV applaudit à l'invention, mais il défendit qu'on la mît en pratique. On a rappelé ce fait à propos de l'inventeur Turpin.

En 1768, les propriétaires voisins de Torré, craignant un incendie, lui suscitèrent un procès qu'il perdit. Il donna alors dans son théâtre des bals et des fêtes.

C'est à côté de cette salle qu'en 1779 un sieur L'Écluse, professeur de danse, bâtit un petit théâtre en bois où s'escrimèrent certains auteurs dont l'un, nous dit-on, composa plus de 400 pièces et parlait onze langues. Ce théâtre, après bien des vicissitudes, démoli, puis reconstruit, prit vers 1795 ou 1796 le nom de théâtre des Jeunes-Artistes.

Sur cette petite scène débutèrent bon nombre d'auteurs dramatiques, aujourd'hui complètement oubliés. Un seul est resté célèbre : Désaugiers. Il y donna *l'Entresol, les Deux Dévotes*, etc. Sur ce théâtre aussi débuta un acteur dont le nom n'est pas tout à fait ignoré, Lepeintre aîné, qui jouait les Arlequin. Ce Lepeintre, voyant, vers 1804, que le théâtre allait mal, partit pour la province avec quelques-uns de ses camarades, sous la tutelle d'un nommé Petit, qui enseignait la déclamation à nos comédiens. Désaugiers était du voyage.

La « tournée » ne fut rien moins que fructueuse. « En revenant de Marseille — c'est toujours Brazier qui parle — Désaugiers, Jacquelin et quelques autres étaient dans un tel état de gêne, qu'il était temps qu'ils arrivassent à Paris. A quatre lieues de la capitale, leurs estomacs commençant à crier et la caravane ne pouvant plus marcher, Désaugiers prit son violon, et, pour retremper le courage de ses amis, leur joua des contredanses jusqu'à la barrière. Ce fut là que Désaugiers, à qui il ne restait plus qu'un sou dans sa poche, acheta un petit pain et dit en riant à Jacquelin, en le rompant en deux : « Veux-tu l'aile ou la cuisse ? »

Parmi les « jeunes » artistes de la troupe, on cite Monrose qui, plus tard, joua les valets de Molière à la Comédie-Française ; Lepeintre jeune, qui jouait à dix ans les Cassandre ; un petit acteur du nom de Moreau qui n'avait que quatre pieds deux pouces et qui fut réduit dans la suite à se montrer comme nain sur les places publiques, etc.

Le théâtre des Jeunes-Artistes fut, pendant un moment, un champ de bataille entre jacobins et royalistes, lorsque le fameux Martainville y donna *les Élections*, pièce d'une opposition virulente. On se battit dans le parterre ; les jeunes gens qui portaient des collets verts et des cadenettes applaudissaient, le peuple sifflait.

C'est aux Jeunes-Artistes aussi qu'une aventure unique dans les annales du théâtre arriva le jour de la première représentation de *la Nonne de Lindenberg*. Des malveillants répandirent dans la salle des odeurs infectes. Toutes les femmes de s'évanouir. On crie, on siffle, on hurle, on en vient aux mains. Les artistes effrayés s'enfuient. Mais ils laissent derrière eux une de leurs camarades, Mme Vautrin : celle-ci jouait le rôle d'une jeune fille persécutée. Elle était garrottée à un arbre et des voleurs la gardaient à vue. Les voleurs, dans la panique, se sauvent épouvantés. Mme Vautrin se sauve aussi, mais le châssis auquel elle est attachée ne voulant pas la quitter, elle emporte l'arbre avec elle et arrive ainsi sur le boulevard où on la délivre enfin de son pesant fardeau.

Le théâtre des Jeunes-Artistes se soutint quelques années tant bien que mal. En 1804, il invente les billets à prix réduits : rien n'est nouveau sous le soleil ; on les jetait par paquets dans les boutiques, dans les maisons, dans les administrations. On allait aux Jeunes-Artistes moyennant huit sous aux premières et six au parquet. Heureux temps !

En 1807, Napoléon, constatant que les théâtres faisaient tous d'assez mauvaises affaires et trouvant que leur gêne venait de leur trop grande quantité, ce qui n'était point si mal raisonné, trancha la difficulté en en faisant fermer d'un coup un certain nombre : parmi eux figurait le théâtre des Jeunes-Artistes. Le décret impérial parut le 9 août et toutes les salles désignées fermèrent leurs portes le 15 du même mois.

Napoléon avait trouvé le vrai remède « à la crise théâtrale ».

Tandis que les destinées du petit théâtre des Jeunes-Artistes se poursuivaient dans les conditions qu'on vient de lire, vers l'an VIII ou l'an IX de la République, en 1799 ou 1800, en la rue qui porte aujourd'hui le nom de rue Dauphine, sur un emplacement où s'élevait une salle qui servait à la fois de salle de vente, de club patriotique et de corps de garde, un sieur de Metzinger fit construire une petite salle de théâtre : elle contenait seulement deux rangs de loges, un orchestre, des baignoires, un petit parterre et deux loges d'avant-scène.

Un comédien nommé Belfort ouvrit le spectacle sous le nom de théâtre des Jeunes-Élèves ; les artistes qu'il engagea avaient, en effet, de six à seize ans. On représentait sur ce théâtre tous les genres, depuis la tragédie jusqu'au ballet-pantomime ; on y donnait beaucoup des ouvrages du vieux répertoire, surtout des opéras comiques. Parmi les ouvrages nouveaux qui y furent représentés, on cite *le Paysan perverti*, *Tous les niais de Paris*, *l'Amour à l'anglaise*, de de Rougemont, *le Concert aux Champs-Élysées*, de

Dumersan. Le théâtre des Jeunes-Élèves connut la gêne ; les acteurs se mirent en société.

En 1807, le théâtre fut fermé. La salle fut utilisée pendant quelques années pour des représentations, des concerts, des bals. En 1826, elle disparut pour faire place à une grande maison.

Brazier nous donne les noms de quelques-uns des auteurs qui travaillèrent pour les Jeunes-Élèves : c'étaient Félix Nogaret, un des censeurs du gouvernement impérial, le chevalier de Cubière-Palmézeau, « qui eut le courage de refaire *Hippolyte* après Racine », Pelletier de Volmeranges, faiseur de drames larmoyants, aux longues tirades. C'est à ce dernier qu'un jeune enfant répondit un jour : « Vous vous plaignez que je ne sache pas votre rôle en huit jours ; vous qui l'avez écrit, je vous en donne quinze pour le savoir à peu près. » Mme de Beauharnais donna aussi plusieurs ouvrages.

C'est sur le théâtre des Jeunes-Élèves que

fut représenté pour la première fois un ouvrage intitulé *Gibraltar*, de M. Charles Maurice, rédacteur propriétaire du *Courrier des théâtres*. Cette pièce en cinq actes était ainsi composée : *premier acte*, tragédie ; *deuxième*, opéra comique ; *troisième*, mélodrame ; *quatrième*, comédie en vers libres ; et *cinquième*, en vaudeville. C'était toujours la même action, toujours les mêmes personnages. « C'est, dit Brazier, le premier ouvrage de ce genre d'originalité qui ait été joué. » Nous ne voyons pas que l'exemple de Maurice ait été beaucoup suivi.

Au théâtre des Jeunes-Élèves débutèrent les acteurs Firmin, Fontenay, Desprez, Lemonnier, Guénée, « un enfant qu'on appelait Tourin et qui jouait *le Chaudronnier de Saint-Flour* comme l'acteur le plus exercé ».

Mme Rose Dupuis commença sa carrière sur la petite scène. Une enfant, qui jouait les duègnes et qui avait douze ans, fut connue au théâtre sous le nom de Mme Régnier. Une autre, qui jouait également les duègnes,

VIRGINIE DÉJAZET.

s'appelait la petite Bardoux. « Presque tous ces enfants demandaient à faire les vieux, c'était vraiment original de les voir se grimer la figure avec des épingles noires et du charbon. » Il paraît que cette petite Bardoux était impayable dans Mme Pernelle, quand elle disait : « Marchons, gaupe, marchons ! » Il y avait encore Aldegonde, qui joua aussi au théâtre des Variétés-Étrangères et qu'on appela la petite Mars du quartier Saint-Martin ; une petite Pauline, qui était « une charmante laitière suisse, une suave rosière ».

Il y avait enfin Virginie Déjazet. « Je la vois encore, écrit notre chroniqueur, dans *Fanchon toute seule*. C'était déjà une actrice. Elle n'était guère plus grande que sa vielle. Après la pièce, on se la passait de mains en mains dans les loges pour lui donner des bonbons. Quand elle entrait en scène, son œil d'aigle mesurait l'espace qui la séparait du public avec cette assurance que donne un grand courage. » L'enthousiasme de Brazier pour Déjazet ne connaît point de bornes. « Je l'ai vue, nous dit-il, dans la même soirée, porter la capote de Napoléon et la veste du gamin ; je lui ai entendu dire : « Soldats, vôtre empereur est content de vous ! » et l'instant d'après s'écrier : « Ah ! c'te tête ! » Elle était sublime des deux côtés. » Et il ajoute : « Il y eut un César, un Capitole, un Alexandre, une Colonne, un Bonaparte et une Virginie Déjazet. »

Nous pourrions nous occuper ici encore du second théâtre des Jeunes-Élèves, ouvert en 1799 sur le boulevard du Temple, qui vécut quelques années en concurrence avec le premier ; du théâtre Mareux, situé rue Saint-Antoine, en face de la rue de Jouy, qui fut, avant la Révolution, un pimpant et coquet théâtre d'amateurs, eut, après 1789, diverses destinées, s'appela un moment « Spectacle des Élèves dramatiques et lyriques » et disparut au décret de 1807 ; des théâtres des Enfants de Thalie, des Élèves de l'Opéra-Comique, des Enfants-Comiques, des Petits Comédiens français, etc., dont l'existence fut de courte durée et dont quelques-uns disparurent l'année même de leur apparition. La salle du nommé Doyen, rue Transnonain, a été une véritable pépinière d'illustrations dramatiques; la célèbre Mme Arnould Plessy a commencé à la salle Gérard, rue de Lancry. Le théâtre Comte aussi a porté ses fruits.

Mais nous ne voulons point faire une étude rétrospective: nous avons hâte d'arriver à des temps plus rapprochés de nous.

II

La Tour-d'Auvergne. — MM. Baron et Bertrand. — Mme de Lissac, Vive la mère Vénus ! — Une lettre de M. Jean Richepin. — Les Matinées Talbot.

LA TOUR-D'AUVERGNE

Les tout jeunes gens de notre temps ne connaissent point le théâtre des Jeunes-Artistes ou encore de l'École lyrique qui, peu à peu, prit le nom de la rue où il était installé, la rue de la Tour-d'Auvergne. Cependant, sans être très vieux, les amateurs de théâtre se rappellent certainement les dernières soirées de cet intéressant petit théâtre. Il n'y a guère plus de dix ans qu'il a disparu.

Construit vers 1842, il occupait l'emplacement du numéro 20, près de la maison où habite l'auteur de *Sigurd*, M. Reyer. Il n'en reste d'autre trace qu'une marquise en fer, posée sous la direction de M. Baron, l'artiste des Variétés. Il était élégant, peint en blanc et or, le velours des fauteuils et des loges bleu-ciel. La presse, qui n'assistait point à ses représentations, a gardé sur elles un dédaigneux silence, ce qui rend les recherches assez difficiles. Nestor Roqueplan nous dit : « C'est une petite salle destinée aux exercices des jeunes gens des deux sexes qui se préparent au théâtre. »

Il a paru, en 1862, chez Sausset, sous les galeries de l'Odéon, un opuscule intitulé : *les Petits Mystères de l'École lyrique*, qui fournit quelques renseignements sur le petit théâtre. Nous y lisons que la salle fut construite par un M. Delétang sur les plans livrés par MM. Moreau-Sainti, Henri Potier et Daudé, qui furent les trois premiers directeurs. L'auteur anonyme du petit livre ajoute : « Le trio administratif un beau jour quitta la place... Il serait difficile, même impossible de citer par ordre chronologique les différents directeurs qui lui ont succédé...Lasalle, en effet, fut souvent sous-louée puis reprise par le précédent directeur, puis enfin encore sous-louée à un autre... Un des principaux, ce fut M. Dupommereuil, bien connu dans la gent cabotine... M. Moisson de Brécourt, dont la fille Laurentine épousa un auteur bien applaudi en ce moment, y professa la déclamation. Enfin Ricourt, qui y donnait de temps à autre des représentations où il faisait jouer ses élèves, en prit la direction en 1857. » L'École lyrique vit alors passer Dieudonné, Saint-Germain, Emile Thierry, Deltombe, Paul Deshayes, Aimée Desclée vers 1859, Gibeau, Mme Emma Fleury (Mme Franceschi), Grenier, Mlle Periga, Mlle Jouassain, Marie Delaporte, Mlle Valérie, Mlle Antonine, et même Émile Abraham, qui s'y exerçait en 1852 comme acteur.

Notre écrivain dit encore (il écrit en 1862) : « Le goût du théâtre s'acheminait rapidement vers le point où il en est aujourd'hui, c'est-à-dire presque à la passion. Qui pourra détourner les jeunes filles de cette voie funeste ? Un jour une petite modiste alla prier un honnête journaliste de venir la voir débuter à l'École lyrique, lui demandant de lui dire son avis franchement, afin qu'elle sût si elle devait ou non continuer son état. Le critique influent se rendit à l'invitation ; les débuts furent orageux et le lendemain, la modiste recevait de l'Aristarque une lettre laconique ainsi conçue : « Faites des chapeaux »... Les représentations de *Médée* avec Mlle Agar troublèrent tellement la tête à une cuisinière du quartier qu'elle alla, une ou deux fois, son panier au bras, trouver M. Ernest Legouvé, le suppliant de lui faire étudier la tragédie... »

Mlle Agar était l'élève de ce fameux Ricourt qui, étant venu s'installer à la Tour-d'Auvergne, l'agrandit, construisit des loges pour les artistes, donna l'administration à une certaine Mme Brame, eut des ouvreuses, et même un médecin, « qui donnait des représentations à son bénéfice ». Achille Ricourt mérite que nous nous arrêtions un peu sur son nom.

Né au siècle dernier, il avait étudié la peinture chez Guérin, avec Géricault, Ary Scheffer, Eugène Delacroix. En 1831, il fonda l'*Artiste*, que devait diriger plus tard M. Arsène Houssaye, et qui vit encore. C'est à lui que Ponsard doit sa réputation. Grâce à ses efforts, *Lucrèce* fut représentée à l'Odéon... Un jour, dans un café, c'était vers 1832, il remarqua une petite chanteuse connue sous le nom d'Elisa : son regard le frappa. Le lendemain, il lui apportait un petit recueil des œuvres de Corneille, qui lui avait coûté un petit écu. L'enfant dévora le livre. Quelques années plus tard, la petite Elisa était devenue la grande Rachel... Ricourt, enfin, se livra à l'enseignement dramatique et vint professer à la Tour-d'Auvergne où ses élèves furent nombreux : l'une des plus illustres fut Mlle Agar. Le mardi, avaient lieu les représentations où étaient exhibés les apprentis tragédiens. « Ces tentatives ne sont pas dépourvues d'intérêt... des femmes souvent y remplissent des rôles d'hommes, principalement quand il s'agit des confidents de tragédie ou des marquis du *Misanthrope*... Le public est paisible d'ordinaire; il s'amuse décemment. Pour la plupart du temps, il se compose, le mardi, de voisins qui profitent des billets à 50 centimes, distribués à profusion dans le quartier. » Ricourt ne laissait jouer sur sa petite scène que la tragédie ou la comédie classique. Il fit une exception pour une pochade de M. Eugène Verconsin, qui s'appelait : *Télémaque, ou l'innocence en danger sauvée par l'intrépide résolution d'un vieillard qui ne craignait pas l'eau froide.* Qui se serait attendu à cela, de la part de l'auteur des *Rêves de Marguerite?*

Souvent la salle était louée par le directeur, qu'il s'appelât Moreau-Sainti, Dupommereuil, Laportas, Moisson de Brécourt, ou Ricourt, à ce que notre historiographe de la Tour-d'Auvergne appelle des « monteurs de partie » : artistes qui désirent se faire entendre et qui invitent les directeurs... qui ne viennent pas, commis de magasin et employés de maisons de commerce qui s'amusent en jouant la comédie. Il y avait aussi les monteurs de partie spéculateurs. « Ce sont généralement des ouvriers imprimeurs ou autres qui veulent faire tourner au profit de leur bourse les qualités dramatiques dont ils s'imaginent être doués : ils enrôlent dans leur troupe ceux de leurs camarades qui ont quelques petites économies, les font contribuer à la location de la salle, et se réservent bien entendu les premiers rôles; les billets sont vendus le plus cher possible aux amis et connaissances et la représentation a lieu, hilarante et burlesque au possible, devant un public enthousiasmé. » Ces parties s'organisaient généralement dans les deux cafés qui flanquaient l'École lyrique, devenue en 1860 le théâtre des Jeunes-Artistes, le café Durey et le café Vivier, et où tout ce qu'il y avait de cabotins à Paris se réunissait devant

des consommations souvent imaginaires...
« Une femme qui fait beaucoup de frais, voilà le rêve des monteurs de partie. » Quand ils avaient trouvé la grande artiste inconnue ou méconnue qui voulait se faire entendre et qui prenait à sa charge toutes les dépenses, leur joie était sans bornes...

Il y avait à la Tour-d'Auvergne des représentations un peu plus sérieuses, lorsqu'un jeune auteur voulait, lui aussi, se faire connaître. « C'est à l'École lyrique que Victorin Joncières, fils d'un rédacteur de la *Patrie*, s'est essayé comme musicien ; il a fait jouer un soir une opérette qui n'a pas été sans exciter quelque intérêt. »

Enfin, Charles Boudeville, « le professeur de déclamation à la mode », vint aussi à la Tour-d'Auvergne donner des soirées qui étaient très courues. « Le titre d'élève de Boudeville est à lui seul un certificat de beauté. »

Si l'on parle de la Tour-d'Auvergne aux artistes en vue de nos jours, aucun, pour ainsi dire, n'a oublié cette petite scène où beaucoup d'entre eux ont fait leurs débuts.

M. Baron, du théâtre des Variétés, faisait revivre un jour devant nous l'époque où il dirigeait le théâtre de la Tour-d'Auvergne. C'était un certain nombre d'années avant la guerre :

« Je me rappellerai toujours, nous disait-il, les pièces d'un auteur du nom de Forberet. Cet excellent homme, de son métier marchand de vin à Bordeaux, était piqué de la tarentule dramatique. Aussi l'on buvait beaucoup dans ses pièces. Et comme il fournissait le vin, on était enchanté qu'il en présentât une nouvelle. Un autre, dans la pièce de qui l'on mangeait des lapins sautés, dut à ce détail de cuisine plus d'une brillante reprise.

« Comme l'on s'amusait ! Une source intarissable de plaisanteries était la comtesse de Lissac, qui, d'après les manifestes qu'elle affichait quotidiennement dans tout Paris, était la première des tragédiennes connues. Quand elle jouait, acteurs et spectateurs attendaient sa sortie, et, détellant le cheval de sa voiture, la traînaient en triomphe jusqu'au square Montholon, où on l'abandonnait.

« Malgré son éloignement, le théâtre faisait de l'argent. Si les acteurs avaient l'amour de leur art, les abonnés étaient encore plus admirables. Car j'ai eu mes abonnés, tout comme Antoine et pour moins cher : 10 francs par mois. Beaucoup venaient des Gobelins ou de la barrière du Trône : ceux-là apportaient leurs rafraîchissements en été, leur chaufferette en hiver. La troupe jouait tous les grands succès du moment, voire l'opéra. Quelles ovations on faisait au chef d'orchestre, M. Fessard, qui, sourd comme un pot, dirigeait ses six musiciens envers et surtout contre tous !

« C'est là que j'ai fait mes premières armes, comme Worms, Saint-Germain, Thiron, Dumaine, Jolly, Desclée, Agar, Blanche Pierson. Quel émoi quand on venait nous dire : « Mon-
« selet ou Lucas ou tel autre critique est dans
« la salle. » L'un après l'autre nous allions

contempler avec respect celui qui pouvait être l'arbitre de nos destinées.

« Quand nous voulions souper, nous traversions la rue et dans le jardin potager du maraîcher d'en face — c'était un de nos abonnés — nous pouvions choisir sur pied des légumes merveilleux ou d'excellentes salades.

« La Tour-d'Auvergne vit aussi figurer sur sa scène les demi-mondaines les plus huppées. Boudeville les engageait pour attirer la foule. Les cocodès, comme on disait alors, arrivaient en bandes, ayant devant eux des corbeilles de fleurs qu'ils lançaient à toute volée. Les débutantes ne pouvaient placer un mot. Je vis très souvent Augier, Meilhac, Halévy, aux soirées Boudeville.

« C'est de la Tour-d'Auvergne que partaient les tournées organisées par Tallien aux environs de Paris. On allait au point de ralliement comme on voulait. Pour le retour, un omnibus ramenait les acteurs à Paris, les seigneurs et dames nobles dans l'intérieur, les bourgeois

sur l'impériale; le bas peuple suivait à pied.
Inutile de dire que l'on se disputait les premiers rôles. Avons-nous ri! »

En rappelant ces choses, M. Baron riait encore.

M. Bertrand, le directeur actuel de l'Opéra, ne riait pas moins lorsqu'il nous racontait ses souvenirs personnels, à lui aussi, sur la Tour-d'Auvergne. Il commençait alors — c'était l'époque de la direction Dupommereuil — à jouer la comédie. « Ce Dupommereuil, nous disait-il, était à la fois directeur et marchand de cuir. Pour jouer chez lui, on payait 20 francs par acte. Il fallait que la représentation comprît quatre actes. Il récoltait ainsi 80 francs pour ses frais. Un soir, l'une des dames qui devaient paraître dans l'un des actes, ayant été arrêtée dans la journée, vu la légèreté de sa conduite, ne put venir jouer son rôle. On l'attendit vainement. J'étais, moi, de la dernière pièce. Je commençai à minuit moins le quart. Il fallait fermer le théâtre à minuit sous peine d'amende. A minuit juste,

Dupommereuil éteint le gaz, jugeant qu'on m'avait assez vu et que la pièce était suffisamment comprise. Il voulut bien m'indemniser. « Vous avez payé 20 francs, me dit-il, « vous n'avez joué que la moitié de votre « pièce. Voici 10 francs de cuir, vous vous « en ferez des bottines... »

« Un autre jour, une pauvre femme, dont j'ai oublié le nom, voulut jouer le rôle de Chimène dans *le Cid*. Elle réunit quelques-uns de nous, Larochelle, qui se chargea de Rodrigue, Baron, qui jouait, je crois, don Gormas, et moi, qui parus en don Diègue. Il fallait des costumes. Je louai une immense paire de bottes, qui avait dû appartenir à quelque gendarme, et je louai aussi un superbe casque, aux apparences anciennes. Malheureusement, la visière du casque ne voulait pas rester en place. Je fus obligé d'établir une petite chaîne et, alors, quand j'avais une réplique à donner, on me poussait : je tirais la petite chaîne qui faisait crac... j'avais la figure libre et je parlais. Quand j'avais fini, je retirais la petite chaîne; la visière faisait clic... et ainsi de suite... Je crois qu'on n'a jamais tant ri dans la salle et sur la scène, d'autant plus que ne sachant pas très bien mon rôle, je le lisais la plupart du temps et qu'après avoir lu je remettais tranquillement mon bouquin dans mes grandes bottes. Oh! le casque de don Diègue! Je donnerais beaucoup pour le retrouver! »

De ci, de là, on rencontre quelque anecdote concernant le petit théâtre. Ainsi les frères Lionnet racontent, dans leur volume, qu'ils y donnèrent en 1862 une soirée au bénéfice du peintre Ballue, atteint d'aliénation mentale. Non seulement les principaux artistes de Paris prêtèrent leur concours, mais les journalistes et acteurs les plus connus parurent sur la scène. On vit arriver, non pour jouer et chanter, mais comme auditeurs, à la façon des marquis de l'ancien théâtre, Théodore de Banville, Armand Barthet, Roger de Beauvoir, Carjat, Gustave Doré, Alphonse

Doré, Charles Monselet. Comme artistes, on entendit Mmes Viardot, Déjazet, Céline Montaland, Rousseil, MM. Mario, Berthelier, etc.; dans la salle on se montrait Jules Janin, Émile de Girardin, Théophile Gautier, Villemessant, Bressant, Auber, Mélingue, Mario Uchard et Aurélien Scholl, le seul survivant de la pléiade que nous venons d'énumérer.

En 1870, la Tour-d'Auvergne ferma ses portes; il les rouvrit en 1871, sous la direction de Charles Bridault, qui fut dans la suite secrétaire général de l'Odéon et journaliste. Bridault ne fit pas un théâtre d'élèves.

Il fit jouer surtout des revues ou des vaudevilles, comme au théâtre du Luxembourg, à Bobino. L'une d'elles s'appelait *l'Esprit de tout le monde;* le directeur avait mis à contribution pour une scène ou un couplet la plupart des écrivains dramatiques du moment, Clairville, Siraudin, Cogniard, Cormon, Cham, Claretie, Meilhac, Raymond Deslandes, Hervé, Henri de Kock, etc. On joua aussi un *Octogène* d'Armand d'Artois et

Edmond Thiboust, et une parodie de Lambert Thiboust et Bridault, *Pygmalion et Mademoiselle Galathée*, où l'on chantait :

> Vive, vive la mère Vénus
> Cette déesse,
> Qui nous blesse !
> Vive, vive la mère Vénus
> Qu'a des mollets biscornus !

La grande poésie n'avait pas encore élu domicile à la Tour-d'Auvergne. Ajoutons que les choristes avaient trouvé pour le dernier vers une variante, qu'il serait peut-être difficile de reproduire ici.

La direction Bridault dura trois ans. De temps en temps, quand une occasion se présentait, le directeur louait sa salle à qui venait la lui demander.

C'est ainsi qu'en 1873 un jeune auteur, encore inconnu, y donna une représentation dont le souvenir est resté dans la mémoire de tous ceux, grands ou petits, vieux ou jeunes, qui y ont assisté. Ce débutant d'alors a bien voulu, dans la lettre qu'on va lire, nous raconter lui-même cette soirée :

« Mon cher ami,

« Voici, au hasard des souvenirs, les quelques détails que vous me demandez :

« C'est en 1873, le 9 août, que j'offris cette représentation. Je dis bien : j'offris, car elle me coûta 300 francs gagnés à la sueur de mon front en vendant du grec et du latin à trente sous l'heure. J'étais absolument inconnu. Je voulais me faire connaître. Je louai la salle, organisai une troupe d'amis et montai trois pièces en vers : *le Duel aux lanternes*, de Paul Arène, *la Ronde de nuit*, comédie d'E. d'Hervilly, et *l'Étoile*, drame d'André Gill et de moi. Je jouai dans les trois : un vieux noceur déguisé en polichinelle (ici je chantais une chanson, musique de Sivry), une sorte de Scapin, le fou.

« Dans sa pièce, d'Hervilly jouait un astrologue avec une extraordinaire fantaisie.

Jouaient aussi Pierre Elzéar, Forain (un alguazil), Millanvoye, Davrigny, Mlle Schmidt. Le petit enfant blanc de *l'Étoile*, c'était Mlle Henriot, fillette alors. Un prologue ouvrit la soirée, dit par Mlle Chartier (à l'Odéon depuis). Ce prologue se retrouve dans la troisième partie de *la Chanson des Gueux*. Le directeur de la Tour-d'Auvergne était Charles Bridault. Pour l'effet produit, si vous en êtes curieux, voyez les feuilletons de l'époque. Sans fausse modestie, je puis dire qu'il fut assez vif.

« Toutefois, ce ne fut pas, ainsi que je l'avais espéré (dame ! à cet âge), la conquête de Paris. Le lendemain je me retrouvai Gros-Jean comme devant, obligé de gagner toujours mon pain avec des leçons à trente sous l'heure. J'avais en portefeuille *la Chanson des Gueux* que je dus traîner encore pendant trois ans d'éditeur en éditeur sans que personne en voulût. Quant aux anecdotes de ce temps-là, n'y comptez point. Je ne suis pas anecdotier en public. Un écrivain donne assez de lui dans ses œuvres; c'est bien le moins qu'il garde quelque chose pour ses intimes et lui-même.

« Cordialement à vous.

« Jean Richepin. »

C'est également au cours de la direction Bridault que commencèrent, à la Tour-d'Auvergne, les matinées Talbot.

M. Talbot, le sociétaire de la Comédie-Française, avait — il a encore — un cours particulier de déclamation dramatique. Ce cours était, en quelque sorte, l'antichambre du Conservatoire. Persuadé, et il avait raison, que ce qui forme le mieux le comédien c'est de jouer la comédie (dire qu'on est obligé d'énoncer des vérités aussi évidentes; c'est le Conservatoire qui nous y force), il imagina de donner, le dimanche, de petites matinées classiques où il lancerait ses élèves. Ce fut à la Tour-d'Auvergne, où il professait ses leçons, qu'il donna aussi ces matinées. Il appela auprès de lui ceux de ses anciens élèves qui étaient au Conservatoire pour guider les nouveaux, et, peu à peu, tous les élèves ou à peu près du Conservatoire vinrent le dimanche jouer à la Tour-d'Auvergne avec les élèves de M. Talbot.

On peut dire sans exagération qu'il n'est pas un des noms réputés du théâtre contemporain qui n'ait paru aux matinées Talbot. On y vit passer successivement Mmes Rousseil, Sarah Bernhardt, Réjane, Antonia Laurent, Jeanne Samary, Alice Lody, Volsy, Sarah Rambert, la belle Mlle Piorsky, aujourd'hui retirée du théâtre, la petite Lecomte, qui créa *la P'tiote*, de Maurice Drack, et disparut de la scène, Éva Montrobert, qui, aujourd'hui, sous un pseudonyme retentissant, plaide dans les journaux la cause de tous les opprimés, etc.; MM. Davrigny, Blanche, Marais, déjà superbe dans Néron, Frédéric Achard, Eugène Larcher, Georges Rolle, Leloir, alors aussi petit qu'il est de grande taille aujourd'hui, etc., etc.

Pour organiser les spectacles, M. Talbot

avait un second, qui préludait alors, tout en jouant aussi la comédie, aux belles destinées directoriales qui l'attendaient : c'était M. Albert Carré. Même on représenta de l'inédit : un acte de M. Victor Bergeret, *la Corvée*. Quelle ardeur, quel feu, quel désir de bien faire il y avait dans tout ce jeune monde ! Comme c'était amusant ! Et les amourettes qui naissaient derrière les portants entre une scène d'*Athalie* et un acte du *Misanthrope* !

Le Conservatoire prit ombrage des matinées Talbot. Défense fut faite aux élèves d'y prendre part. M. Talbot fut obligé de les interrompre et de les supprimer. Et ce fut grand dommage. Les élèves du Conservatoire ne retrouvèrent point dans la suite et ils ne l'ont pas encore retrouvée — car le Théâtre d'application, fondé sur ce modèle, a dévié bientôt pour devenir la Bodinière — la scène d'exercice qui, de fait, leur est absolument nécessaire.

Quant au théâtre de la Tour-d'Auvergne, que M. Bridault quitta en 1874, il se traîna pendant quelques années de direction en direction. Il a définitivement disparu en 1880. Il n'en reste d'autre trace matérielle que la marquise en fer forgé, plantée par M. Baron.

III

Le cercle Pigalle. — Des vers. — Un curieux article
de Th. Gautier.

Dans une impasse humide et solitaire
Que le soleil ne visite jamais,
Sous un hangar, singulier sanctuaire,
Pour mes amis, j'ai bâti mon palais...

C'est ainsi que l'un des membres actuels du cercle, M. Demeuse, dans une revue qui fut jouée en 1862, sur la petite scène, décrivait l'endroit où le cercle Pigalle, bien connu de tous les Parisiens qui se passionnent pour le théâtre, tient aujourd'hui encore ses assises.

La « Société dramatique », c'était son nom primitif, fut fondée rue des Martyrs, 79, par

LE CERCLE PIGALLE. (Cité du Midi.)

une réunion de jeunes gens. Les premiers fondateurs ont disparu; mais leur souvenir reste encore chez quelques-uns des sociétaires actuels. M. Chenevard entre autres, président d'honneur, qui fut vingt-cinq ans président effectif se rappelle bien avoir entendu, parmi les ouvriers de la première heure, Drouat, Lagoguée et Duponchel, qui fut ensuite directeur de l'Opéra.

C'est le 22 décembre 1850 que la société donna sa première soirée. Elle se composait d'un concert que suivait le vaudeville célèbre, *la Chambre à deux lits*, où jouait un acteur, nommé Grenier, qui devait plus tard se rendre fameux aux Variétés et créer *Rabagas* au Vaudeville. La Société dramatique tirait toutes ses ressources d'elle-même. Les musiciens qu'elle comptait parmi ses membres s'occupaient de la partie musicale, les peintres brossaient les décors et les auteurs dramatiques faisaient leurs pièces.

Aussi bien, M. Demeuse, que nous citions tout à l'heure, nous donne dans un poème qu'il intitula : *Vieux Souvenirs*, une idée exacte de ce qu'était le cercle Pigalle à cette époque. Qu'on nous permette d'en citer quelques vers :

C'est (comme le temps passe) en mil huit cent cinquante,
Aux confins de Paris, tout en haut sur la pente,
Presqu'à Montmartre enfin, que notre cercle un soir,
Riche comme Crésus, non d'écus, mais d'espoir,
Devant quinze quinquets à la lueur fumeuse,
Inaugura gaîment notre scène fameuse.

. . . .

Car c'est là que le cercle a trouvé son berceau,
Un berceau primitif... Des fauteuils en noyau,
Et quand je dis fauteuils ce n'est qu'une antithèse...
N'importe ; l'amitié s'y carrait fort à l'aise,
Et les gens du balcon se levant pour mieux voir,
D'un crâne époussetaient parfois le lambris noir.
La scène était petite, étroite, à telle enseigne
Qu'un soir on emprunta le tartan de la duègne,
O profanation !... pour servir de tapis...

. . . .

L'accessoire gênait; de ce luxe inutile
S'étaient passés jadis Thespis et même Eschyle
Ma foi ! l'on fit comme eux. . . . .
Chéret et Robecchi ne signaient point les toiles,
Mais on avait pourtant des peintres comme étoiles.
Alais en peu d'instants vous brossait carrément,
La chanson sur la lèvre, un riche appartement.

Plus tard, on le sait, le cercle déménagea pour s'installer d'une façon tout aussi luxueuse :

Un hangar était là, nu, vide, dévasté :
Quelque pauvre ouvrier un soir l'avait quitté ;
Le cercle, sans tarder y loge ses pénates
Son piano, ses décors aux couleurs disparates.
Alais est l'architecte et Drouat le maçon
. . . .
On travaillait la nuit, on travaillait le jour.
Notre vieil ami Krauss, qu'un beau zèle tourmente,
En quelques tours de main, vous construit la charpente ;
La scène s'édifie et le sol s'aplanit ;
Grâce à six bons quinquets, notre rampe reluit ;
Les banquettes en cuir s'alignent avec chic :
Le crin est moelleux pour charmer le public.

Vient ensuite une revue des personnalités du cercle où nous lisons :

Sur sa chaise curule, assis en plein théâtre
Lutinant Marinette, égrillard et folâtre,
C'est Duponchel, le vrai, celui de l'Opéra ;
A Pigalle, chez vous, qui diable l'attira ?
. . . .

Sous la direction Duponchel les répétitions

manquaient de sérieux ; c'est du moins l'avis de M. Demeuse :

Notre scène tournait bel et bien au sérail ;
Ouvrir à ses beautés devenait un travail.
Chaque soir, il venait flanqué de deux soubrettes,
D'une belle ingénue et trois grandes coquettes :
Et l'art chômait.

En 1855, donc, la société émigre et vient s'établir cité du Midi, boulevard de Clichy, dans un hangar en planches qui n'était point parqueté : c'est celui auquel le poète que nous citions au début de cet article faisait allusion.

Le hangar, depuis, a été amélioré, mais la société ne l'a point quitté. Seulement, en déménageant, la société changea de nom et prit le titre définitif de « Cercle Pigalle ». Le cercle Pigalle donne aujourd'hui ses représentations sur une scène assez grande pour pour que de nombreux personnages s'y meuvent à la fois et devant une salle où de vrais fauteuils ont remplacé les banquettes couvertes de toiles grises. Une double galerie inférieure et supérieure fait le tour de la salle, augmentant le nombre des places. Les couloirs, seuls, ont gardé leur ancienne physionomie : un homme un peu gros n'y passe point de front.

Le cercle Pigalle a ses statuts qui serviront de modèles à toutes les sociétés analogues à venir. Il est dit dans ces statuts : « Toute occupation étrangère à l'art, les journaux politiques et les jeux de toute nature y sont formellement interdits. » Excellente mesure. La société est régie par un comité de sept membres (ce sont actuellement MM. Martin, président, Larousse, vice-président, Schwob, secrétaire, Brevaux, régisseur, Zivi, trésorier, Bardach, commissaire spécial de la salle, Fournier, commissaire de la scène). Le comité prononce les admissions dans la société, reçoit les pièces et organise les représentations.

Longue est la liste des pièces qui ont été jouées sur la petite scène depuis sa fondation. La première pièce inédite qu'on y représenta est de l'année 1851, elle s'appelait *Mon Cauchemar*.

Depuis lors, 68 pièces inédites ont été données au cercle Pigalle. Veut-on des titres ? En voici quelques-uns : *Brin d'Amour et Marcassin, la Robe de Mignonnette, le Moulin des Amoureux, le Mari sans le savoir, Apollon chez Admète, Sous un parapluie, la Chasse au pâté, Quand l'amour arrive, Une allumette, s. v. p., Allons, Babet, Monsieur pose, Eliane, Brelan de cœurs, l'Artilleur mélomane, Rages de dents, Chambre à part, Service d'ami, le Troisième Larron, le Bureau du commissaire,* etc.

Les revues ont fait leur apparition en 1861 et se sont succédé presque sans interruption depuis lors. La première s'appelait *le Crocodile*. On cite encore : *le Diable à quatre, Où qu'est mon dab, Fat'ma l'plaisir d'y venir, Flûte pour la vie, Fructidor, Vive la R'vue, scie!*

D'ailleurs, le critique, de nos jours, suit assez régulièrement les revues du cercle Pigalle, qui ont une réputation non usurpée d'esprit et de gaieté.

Auparavant, ce n'est que de loin en loin que la presse s'occupait de cette société. En 1867, cependant, Théophile Gautier voulait bien consacrer une partie de son feuilleton (l'un de ceux qui n'ont pas été réunis en volume) à une soirée où l'on jouait *la Toile animée*, de M. Demeuse. Il écrivait :

« L'autre jour nous avons reçu une invitation pour un théâtre d'amateurs. A l'invitation était jointe une photographie représentant le rideau neuf du théâtre peint par Alfred Leroux. Les types de la vieille comédie italienne s'y groupaient ingénieusement sur une terrasse, et des arbres fluets formant berceau y encadraient une fuite bleuâtre de parc fantastique.

« Il y avait là Mezzetin, avec sa large collerette, contant des douceurs à Isabelle ; Pierrot agitant ses longues manches ; Cassandrino berné par Léandre ; Colombine prise au piège à paillettes d'Arlequin; Crispin vêtu de noir, le petit manteau sur l'épaule, sanglé de sa haute ceinture en cuir, enfoncé dans ses bottes jusqu'au-dessus des genoux et sa rapière à volumineuse coquille posée près de lui; quant au sieur Polichinelle, à force de rouler ses bosses dans les vignes du Seigneur, il s'est si bien grisé que le sabot lui a manqué et qu'il a glissé, jambe de ci, jambe de là, le nez incendié à faire siffler les gouttes de pluie comme un fer rouge. Tout cela était spirituellement troussé, d'un trait vif et libre, indiquant un artiste familier avec Gillot, Watteau et Pater. Le spectacle était donné pour l'inauguration de la toile nouvelle et se composait d'un vaudeville, d'une fantaisie et d'une opérette...

« Ce théâtre d'amateurs est situé sur le boulevard de Clichy, tout bordé de marbriers et de marchands de couronnes, industries funéraires qu'explique le voisinage du cimetière Montmartre. A Constantinople,

Karagheuz, le Polichinelle turc, habite une baraque dans le grand champ des morts et cela ne nuit en rien à sa gaieté. Des cafés se mêlent d'ailleurs aux magasins de monuments funèbres ; on y soupe comme à la Maison d'Or et sur les vitres et les lanternes d'un de ces cafés, nous lûmes cette inscription pleine de solennité : *Soupe à l'oignon à toute heure.*

« La salle est petite : deux ou trois loges d'avant-scène, une galerie et un parterre. Le personnel est formé par un cercle d'honnêtes jeunes gens littérateurs, musiciens, peintres. Ils font leurs pièces, leur musique et leurs décors, et c'est une agréable et intelligente manière de passer la soirée, qui vaut mieux qu'avaler des bocks dans une brasserie au milieu d'un brouillard de tabac épais à couper au couteau. Le public est formé par les parents et les amis et ceux des membres du cercle qui ne jouent pas ce soir-là. »

Après avoir parlé du spectacle, Théophile Gautier écrivait :

« Puisque ces messieurs jouent pour leur plaisir, pourquoi n'essayent-ils pas de la véritable *comedia dell' arte* comme elle se pratiquait en Italie? Rien n'est plus amusant, plus fertile en surprises, en inspirations brillantes que cette façon de jouer. On arrête le canevas et chaque scène est indiquée comme les situations d'un ballet par quelques mots donnant la direction du dialogue. Le scénario transcrit en gros caractères est collé derrière les coulisses et les acteurs y jettent les yeux avant de faire leur entrée. L'*Amour des trois oranges* de Carlo Gozzi est traité de la sorte : à l'exception de quelques morceaux en vers, le détail des scènes est abandonné à l'inspiration de l'acteur. L'excellente troupe de Sacchi faisait merveille en ce genre vraiment national et contrebalançait par sa verve endiablée la pesanteur des vers martelliens de l'abbé Chiari.

Avec cette façon, il y a nouveauté pour l'artiste comme pour le spectateur, et la pièce faite à mesure qu'elle se déroule a une palpitation, une instantanéité, une vie que ne peuvent égaler des phrases apprises d'avance. L'accent, le ton, le naturel de la vraie conversation se produisent d'eux-mêmes et comme à l'insu de l'acteur. Il n'y a pas entre l'idée et la voix cette imperceptible solution de continuité qui trahit la phrase étudiée par cœur. La pensée, le mot et le son jaillissent en même temps, fondus dans un seul jet de flamme. Pourquoi ces jeunes gens qui sont des lettrés et des artistes ne s'essayent-ils pas à ce charmant exercice si propre à exercer la faculté de la parole, tellement rare chez nous que des gens du plus grand mérite, des écrivains à qui toutes les ressources de la langue sont familières, très spirituels d'ailleurs dans la conversation intime, se troublent et se mettent à balbutier dès qu'ils ont quelques mots à dire en public?

. . . .

« Dans un de ses romans George Sand a raconté les exploits de la petite troupe de Nohant, qui surprit fort un voyageur venant par un temps de neige demander asile à ce château dramatique. Ce fut Leporello, tenant la lanterne sourde des aventures nocturnes qui lui ouvrit la porte et don Juan qui le reçut l'épée sous le bras ; car ces audacieux ne craignaient pas de dialoguer à leur façon le canevas de Molière. »

Le cercle Pigalle ne se consacrait pas seulement aux pièces inédites. Il ne craignait point de rivaliser avec les premières scènes parisiennes, en jouant les grands succès du moment, *l'Aventurière*, par exemple, *la Dame aux Camélias*, etc.

On n'attend pas de nous que nous donnions ici la liste des membres du cercle Pigalle depuis sa fondation. Quelques-uns ont acquis la célébrité, ou simplement la notoriété : Georges Bizet, Léo Delibes, Edmond Texier, José-Maria de Heredia, Carjat, Emile Desbeaux, Eugène Fraumont, etc.

Un grand nombre d'artistes y ont fait leurs premières armes : Dumaine, Achard, Numa, Lagrange, Grenier, Valbel, Mmes Fanny Essler, Jeanne Samary, Marie Colombier, Orphise Vial, Antonine, Génat, Persoons, les sœurs Dupuis, Barny, Berny, Ellen Andrée, Sylviac, Chassaing, Luce Colas, Jane Froment, Marguerite Deval, Félicia Mallet, etc.

Le cercle Pigalle est dans sa quarante-cinquième année. Il a donné le 30 avril sa *sept cent quatre-vingt-dixième* soirée. Ces chiffres commandent le respect. Le cercle Pigalle est une véritable et vénérable institution. Des anciens, cependant, nous disaient que l'entrain qu'ils avaient ne se retrouve plus chez les membres plus jeunes. Mais où y a-t-il aujourd'hui des jeunes gens gais, ardents, vivants? Il n'en est plus que de mornes.

IV

La salle Duprez. — Le ténor Duprez compositeur. — Le temple de la musique. — Les Joyeulx, les Esbaudis et les Toc-Toc. — Le théâtre Vivienne; le legs de la comtesse de Caen, née Ermance Manchoux. — M. Alphonse Bouvret rêve d'un théâtre lyrique. — Les Marionnettes; M. Maurice Bouchor.

La plupart des jeunes gens qui, appartenant à telle ou telle société dramatique, ont joué sur le petit théâtre de la rue Condorcet, en ignoraient sans doute l'origine. Elle n'est point cependant fort ancienne. Elle est due à l'initiative du célèbre artiste de l'Opéra, le ténor Duprez. Lorsque, après une carrière remplie de succès, Duprez quitta l'Opéra en 1848 — il avait alors quarante-deux ans, ce qui lui en donne aujourd'hui quatre-vingt-huit — il voulut que l'expérience acquise par lui profitât aux artistes futurs et à l'art lui-même.

Dans les jardins de l'hôtel qu'il habitait, il fit construire une salle de théâtre dont la décoration fut confiée à Diéterle et Séchan, et c'est là que l'école de chant qu'il fondait tint ses séances. Un critique dramatique bien connu, Hippolyte Lucas, lui rendait visite vers 1859 et écrivait les lignes suivantes :

« On sait que Duprez habite un délicieux hôtel de la rue Turgot et qu'il a fait construire un élégant théâtre où il initie des élèves de choix à cette grande méthode de chant qui a déjà mis au premier rang de nos cantatrices Mme Caroline Duprez-Vandenheuvel, Mme Miolan-Carvalho, et qui a donné au Théâtre-Lyrique Mme Miramon, M. Balanqué. Duprez, après avoir été l'empereur des ténors, occupe ainsi utilement les loisirs que lui a faits son abdication, en se livrant de plus à la composition musicale. Il ne s'est pas retiré, comme Dioclétien à Salone pour faire croître des légumes, ni comme Charles-Quint dans le couvent des moines de Saint-Just pour s'abandonner à des instincts gourmands. Il ne se passe pas de jour que Duprez ne rende quelque service à l'art dont il a été un si éloquent et si savant interprète, qu'on prétendait, lors de ses débuts, qu'un moine italien l'avait gratifié de son fameux *ut* de poitrine à l'aide de la magie. »

Hippolyte Lucas ne se trompait pas en disant que Duprez se donnait à la composition musicale. Il avait fait représenter en 1852, sur son petit théâtre, un petit ouvrage en un acte, *Jelyotte*, qu'on avait bien accueilli. Il était interprété par Mmes Caroline Duprez et Miramon, par MM. Roger, Mocker et Hermann-Léon. Il fit représenter aussi sur d'autres scènes deux opéras, *l'Abîme de la Maladetta* et *Jeanne d'Arc*, et un oratorio, *le Jugement dernier*, pour lequel la critique se montra un peu sévère.

Les artistes et les amateurs fréquentaient assidûment les représentations du « Conservatoire Duprez ». Rossini, Meyerbeer, Gounod venaient souvent y assister à l'exécution de tel ou tel fragment de leurs œuvres : les invitations pour ces fêtes musicales mensuelles étaient fort recherchées.

En 1862, Duprez prit comme associé son fils Léon, qui était déjà professeur, et en 1870, lorsqu'il partit pour Bruxelles, il lui abandonna complètement la direction de l'école de chant. On y vit alors passer comme élèves Mlles Isaac, Heilbronn, Jeanne et Fidès Devriès, Mézeray; MM. Engel, Sylva, Morlet, et encore Mlles Chevrier, Legault, d'Ervilly, Allary; MM. Stephane, Plançon, etc... Les cours de comédie furent successivement confiés à MM. Duprez, Mocker et Lambert. Le piano et l'orchestre sont restés sous la direction de M. Maton, qui fait partie de l'école depuis sa fondation.

En 1889, un incendie détruisit une grande partie de la salle. On la répara. MM. Rubé,

Chaperon et Jambon se chargèrent de la restauration.

La salle Duprez ne fut pas seulement « un temple de la musique », comme l'appelait Gounod, un endroit voué aux auditions de chant. Les propriétaires ne se sont point fait faute de louer souvent leur salle à des sociétés dramatiques.

C'est sur la petite scène du théâtre Duprez que vinrent les « Arts Intimes », les « Joyeulx », les « Esbaudis », les « Toc-Toc », les « Escholiers », la « Rampe », etc... Nous retrouverons plus loin quelques-unes de ces sociétés, celles qui vivent encore.

Donnons un pleur, en passant, à celles qui n'existent plus.

Les « Joyeulx » furent fondés en octobre 1884 et donnèrent leur première représentation à la salle Duprez au mois de janvier suivant. Ils eurent pour fondateurs Jacques Vavasseur, aujourd'hui avocat à la Cour d'appel, L.-Lucien Klotz, qui fut candidat aux élections municipales et législatives dans le neuvième arrondissement, Alphonse Franck, Albert Passant. Ils ont donné deux pièces inédites : *les Joyeulx chez Rabelais*, à-propos de M. Jules Levallois, et *Jean Kerder*, drame patriotique de M. Dachères.

C'est chez les Joyeulx que débutèrent Mmes Segond-Weber et Yvette Guilbert,

Qui depuis... *Paris* alors *ignorait* sa vertu.

Pour ce qui est des Toc-Toc, un jour, en leur sein, une guerre religieuse s'alluma. Les israélites étaient nombreux : des antisémites surgirent. De discussion en discussion, on arriva à la dissolution de la société. Les Toc-Toc disparurent. Nous regrettons les Toc-Toc.

⁂

Le 12 avril 1870, Mme la comtesse de Caen, née Ermance Manchoux, mourait dans son habitation du Prieuré, à Saint-Georges-le-

Thoureil, canton de Gennes (Maine-et-Loire). Quelques semaines après, le testament de Mme de Caen était ouvert, et on y découvrait un legs extraordinaire, « fantastique », comme le disait M. Sarcey dans le *Gaulois* du 17 mai 1870. Mme de Caen destinait la plus grande partie de sa fortune au payement d'une pension, pendant trois ans, aux peintres, sculpteurs et architectes qui reviennent de Rome; elle ne leur imposait, en échange, que la seule obligation de contribuer, par une œuvre librement choisie, à la décoration d'un musée qui porterait son nom.

De nombreux articles furent consacrés à cette libéralité. On chercha qui était cette femme si généreuse. On apprit que, fille d'un notaire de Paris, elle s'était mariée au fils de l'ancien capitaine-général gouverneur de l'Ile-de-France, le comte de Caen. « Mme la comtesse de Caen, dit un de ses biographes, avait la beauté qui charme et l'esprit qui séduit. » Artiste, elle avait exécuté notamment les cariatides qui supportent le balcon au-

D'après une gravure de l'*Illustration*.

dessus du passage Vivienne, du côté de la rue Neuve-des-Petits-Champs.

Outre la fondation artistique dont nous venons de parler, la testatrice laissait de quoi fonder une ferme modèle dans ses propriétés de Maine-et-Loire. Elle organisait elle-même cette ferme dans une série de dispositions où nous relevons les suivantes :

« Il y aura une classe de dessin d'agriculture et une classe de chimie concernant l'agriculture ; il y aura une classe de musique le dimanche et les jours de fête. — Tout jeune homme qui ira au cabaret sera puni ; s'il recommence, il sera renvoyé. — Les élèves, devant les autorités du département, travailleront et laboureront. »

Si nous avons rappelé tous ces détails, c'est que, comme garantie des legs institués, la comtesse de Caen apportait précisément la propriété de la galerie Vivienne et des immeubles qui la composent. Elle désignait comme son exécuteur testamentaire M. Alphonse Bouvret.

Nous n'entreprendrons pas le récit de toutes les démarches faites par M. Bouvret auprès des hommes de loi. Retenons seulement ceci, c'est qu'actuellement la galerie Vivienne est entre les mains d'une société dite de la galerie Vivienne, se composant de deux cents copropriétaires. L'Académie des beaux-arts est propriétaire de 70 parts de propriété, en raison de la fondation qu'elle a été chargée de faire par le testament de la comtesse de Caen; le département de Maine-et-Loire, lui, est propriétaire de 50 parts, pour les raisons d'exécution du legs à lui fait. Les autres parts sont réparties entre divers intéressés.

En 1886, M. Alphonse Bouvret, trouvant quelque difficulté à louer certaines boutiques un peu retirées, eut l'idée de les remplacer par une petite salle de théâtre. Construit, dans le principe, pour des représentations enfantines, le théâtre s'est élevé peu à peu — sans que le cadre matériel de la scène fût agrandi — vers des représentations dramatiques d'un ordre plus élevé.

Conférences scientifiques, poétiques ou littéraires, avec MM. Desmarest, Jean Richepin, Mme Thénard, MM. de Féraudy, Coquelin cadet, Mmes Maria Deraisme, Louise Michel, MM. Clovis Hugues, Charles Fuster, Ernest Depré, audition de jeunes poètes ou artistes, tels que MM. Delmet, Fragerolles, Meusy, Pradels, Xanroff, Mmes Félicia Mallet, Yvette Guilbert, Delval, Bonnaire, tel fut le programme composite des premières soirées données à la galerie Vivienne.

Le petit théâtre ne resta pas étranger au mouvement d'opinion qui se produisit en faveur de la pantomime : MM. Paul Eudel et Marthold y apportèrent *le Retour du bal*, musique de M. Adolphe David. On y représenta également *la Grève*, mimodrame lyrique en trois tableaux, de M. Jestières, d'après *la Robe* de M. Eugène Manuel, dans lequel le doyen des mimes, Paul Legrand, obtint, avec un bout de rôle, un très grand succès. Vint aussi *Un Rêve au pays bleu*, de M. Ernest Depré, musique de M. de la Tombelle.

Ces pantomimes alternaient avec de véritables œuvres dramatiques, comme *Caïn*, de M. Grandmougin, *Marthe*, de M. Ernest Daudet, *Un Coup de foudre*, de M. André Lenéka, — tandis que des ouvrages spécialement écrits pour les matinées enfantines, comme *les Petits Violons de Lulli*, *la Belle et la Bête*, *le Chat-Botté*, *Aladin ou la Lampe merveilleuse*, étaient joués plus de cent fois par de tout jeunes bambins.

En 1893, le directeur, M. Bouvret, décida d'étendre son champ d'action. Il voulut, lui aussi, organiser sur la petite scène un théâtre lyrique. Noble ambition, certainement. Mais, hélas! que de tentatives déjà ont été faites dans le même sens qui, toutes, ont piteusement échoué! Nous souhaitons de grand cœur à M. Bouvret d'atteindre sur son petit théâtre le résultat que d'autres n'ont pu obtenir sur des scènes plus grandes. Il a inauguré ces représentations lyriques l'année dernière par une reprise d'un joli ouvrage de Boïeldieu, *Jean de Paris*, qu'accompagnait une fantaisie de MM. Lenéka et Francis Thomé : *Vieil air, jeune chanson.* Le second spectacle se composa de *Joconde*, l'opéra comique de Nicolo, que précédait un acte de MM. Bertol-Graivil et Boussagol, *le Sabre enchanté.*

Tout fier des encouragements qu'il reçut et de la faveur que le public marqua pour son entreprise, M. Bouvret s'apprête à la continuer. En ce temps où le drame et la comédie lyriques, tous deux de vaste envergure, ont pris possession de la salle Favart, en ce temps aussi où l'opérette agonise, le genre « éminemment national » peut sans doute se faire une place, une petite place au théâtre de la Galerie-Vivienne. Ce n'est pas nous qui nous y opposerons.

Il n'est point possible de parler du théâtre de la Galerie-Vivienne sans donner un souvenir à ces marionnettes, aujourd'hui disparues, qui nous apportèrent le plus délicat des plaisirs.

Voyant les grands théâtres encombrés et les grands acteurs très occupés, M. Henry Signoret conçut en 1888 l'idée de représenter les chefs-d'œuvre de tous les temps avec de simples acteurs en bois. Ceux-là, au moins, n'exigeaient pas des cachets considérables et ils avaient horreur, plaisanterie à part, des *feux*. Mais on s'aperçut promptement, avec *les Oiseaux* d'Aristophane, *la Tempête* de Shakespeare et *le Gardien vigilant* de Cervantès, que, si modestes et si dociles qu'elles fussent, les marionnettes de bois ne rendaient qu'imparfaitement des pièces écrites pour des acteurs en chair et os.

Il fallait donc que des rôles fussent écrits spécialement pour elles, comme pour les divas de la comédie ou les reines de la tragédie, des rôles taillés dans la poésie, dans le bleu, dans l'idéal. Les lecteurs ordinaires du Petit-Théâtre, qui étaient des poètes, de vrais poètes, se chargèrent de cette mission.

Et c'est alors que Maurice Bouchor écrivit successivement *Tobie*, *Noël*, *la Légende de sainte Cécile*, dont les vers délicieux chantent encore dans notre mémoire. « Ces mystères, écrivait M. Francisque Sarcey, attirèrent dans la petite salle tout ce que Paris compte de fins lettrés, de femmes élégantes et de snobs. Car les snobs viennent partout à la suite des grands succès. » Hélas! les snobs ont tué nos délicieuses marionnettes, comme ils tuent tout ce qu'ils touchent; elles sont allées mourir rue Saint-Lazare, l'hiver dernier, après une brillante existence de six années. Mais, soyez fières, ô petites marionnettes, votre souvenir restera, et qui voudra traiter de l'histoire dramatique de ces dernières années ne pourra vous passer sous silence.

V

Le Théâtre d'application. — Lord Lyons et le prince de Sagan. — Les matinées-causeries. — La Bodinière.

La réforme du Conservatoire était alors à l'étude. Elle y fut toujours; car dès 1849, à une séance de la commission du Conseil d'État réunie pour préparer la loi sur les théâtres, Alexandre Dumas père s'écriait : « Le Conservatoire fait des comédiens impossibles. Qu'on me donne n'importe qui, un garde municipal licencié en février, un boutiquier retiré, j'en ferai un acteur; mais je n'en ai jamais pu former un avec les élèves du Conservatoire. Ils sont à jamais gâtés par la routine et la médiocrité de l'État; ils n'ont point étudié la nature; ils se sont toujours bornés à copier plus ou moins leur maître. Au contraire, dès qu'un enfant est sur le théâtre, ce qu'il peut y avoir en lui de talent se développe naturellement. C'est ainsi que se sont formés presque tous nos grands comédiens. »

Ces doléances sur la rareté, le recrutement difficile des artistes, se produisent, on peut le dire, périodiquement. Et jamais il n'y eut plus de candidats à l'examen d'admission au Conservatoire.

Oui, mais, comme le disait M. Francisque Sarcey : « La profession de comédien tend à devenir une profession comme une autre, où l'on entre par la porte des examens, où l'on fait son chemin en travaillant et même en ne travaillant pas, où l'on jouit de la considération qui s'attache aux fonctionnaires, d'où l'on se retire, après une carrière honorablement remplie, avec le ruban de la Légion d'honneur. On entre dans l'art dramatique comme on entre dans les contributions directes ou l'enregistrement. »

Cela n'est pas d'hier. Dès 1837, Th. Gautier écrivait : « Les comédiens ne prennent plus de sobriquets, ils ne répondent qu'à leur véritable nom de famille ; ils se marient, font des enfants, payent leurs dettes, achètent des châteaux, obtiennent des croix d'honneur et vivent de la vie la plus prosaïque du monde. Célimène spécule sur la rente, Alceste intrigue pour être nommé sergent dans sa compagnie ; les soubrettes concourront bientôt pour être rosières. »

Quoi qu'il en soit, il y a une dizaine d'années, la question du Conservatoire était à l'ordre du jour. On trouvait que les concours étaient faibles et que les lauréats ne savaient pas grand'chose de leur métier. Où l'auraient-ils appris ? La Tour-d'Auvergne et les matinées Talbot, dont le Conservatoire avait demandé la suppression, n'existaient plus. Il y avait bien les représentations en province, à Corbeil, à Étampes, qu'organisaient un ou deux pensionnaires ou même sociétaires de la Comédie-Française, qui s'adjoignaient quelques élèves du Conservatoire. « Aujourd'hui, disait Auguste Vitu, les élèves du Conservatoire courent la province et vont cabotiner dans les granges des chefs-lieux de canton. Ce travail hâtif, sans conscience et sans guide, ne peut que nuire à leurs projets. »

C'est alors que germa, dans le cerveau du secrétaire général du Théâtre-Français, la pensée de créer ce qui n'existait pas ou n'existait plus : un petit théâtre d'application. En 1886, s'inspirant de l'idée émise par M. Émile Perrin de prendre la salle Ventadour comme annexe de la Comédie-Française pour y exercer les pensionnaires du Théâtre-Français et ceux du Conservatoire, M. Bodinier publia un projet relatif à l'enseignement de la déclamation et à la création d'un théâtre d'application pour les jeunes élèves du Théâtre-Français (décret de Moscou du 15 octobre 1812). Ce projet comportait le dédoublement du Conservatoire, la création d'un conservatoire spécial de déclamation et celle d'un théâtre d'application.

On mena quelque bruit autour de ce projet.

M. Got écrivait à l'auteur : « La section de déclamation du Conservatoire, dont tous les professeurs font partie de la Comédie-Française, doit d'autant plus approuver l'esprit général de votre projet que plusieurs fois déjà la chose a été agitée dans les séances du comité du temps de M. Émile Perrin. »

M. Worms approuvait le moyen proposé « pour arriver à perfectionner les études actuelles, qui manquent totalement de pratique ».

M. Victorien Sardou s'exprimait ainsi :

« La disette de vrais comédiens est chaque jour plus inquiétante. L'opérette en a tué sous elle deux générations. On ne sait plus où les prendre, les voir, les suivre et les encourager. »

Un an plus tard, un arrêté de M. Spuller,

ministre des beaux-arts, en date du 27 octobre 1887, autorisait officiellement les élèves du Conservatoire à jouer des œuvres classiques sur le Théâtre d'application.

Mais où mettre ce théâtre? pensait M. Bodinier. Il cherchait et ne trouvait que des locaux fort chers, trop chers pour ses modestes ressources. Un jour, comme il était venu rue Saint-Lazare, 18, pour y acheter un appareil hydrothérapique dont on lui avait parlé, il pénétra au fond d'une cour très noire, sous une sorte de hangar où était installée une petite tannerie. « Cette tannerie sera mon théâtre, » se dit-il immédiatement. Il achète, démolit et construit. Il fait appel aux abonnés du mardi, que l'idée amuse. « Lord Lyons crut fermement que de l'œuvre à créer dépendait l'avenir de l'art en France; le prince de Sagan s'en pénétra. »

Le 1ᵉʳ février, le nouveau théâtre était inauguré. Une femme, Mme Mario Bertaux, nous a donné de cette inauguration, dont nous nous souvenons tous, un tableau piquant:

« Lorsque la tannerie de la rue Saint-Lazare eut fait un peu toilette, la première eut lieu. C'était un soir d'automne, et une pluie battante tomba de sept heures à huit heures et demie ; lorsque les premiers invités arrivèrent, elle durait encore et elle avait transformé en un lac noirâtre et boueux la sombre cour qui précédait le théâtre. Pour cette solennité, les dames avaient fait toilette, une toilette des grands jours de la Comédie, robe claire et petit chapeau. En descendant de voiture, elles tombaient dans le cloaque et n'avaient plus qu'à ployer le dos sous l'averse cinglante et le ruissellement des gouttières. Le cocher de l'ambassadeur d'Angleterre, aveuglé, tourna trop court et, avec l'arrière-train de son landau qu'il brisa à demi, emporta toute la devanture d'une échoppe. Les derniers arrivants passèrent sur les décombres.

« De l'intérieur, Mme Bodinier assistait au désastre. « C'est fini, se disait-elle, jamais « ils ne reviendront. »

Ils revinrent, mais sans enthousiasme.
Cette année-là, M. Bodinier offrit aux abonnés dix-sept actes classiques, sept actes modernes, et dix-neuf actes oubliés, comme *le Bijou de la Reine*, *l'Habit vert*, *la Farce du cuvier*, *le Joueur de flûte*, etc...

Pour alterner avec les représentations classiques, M. Bodinier appelait à la rescousse Caran d'Ache et son *Épopée*. Il y eut plus de monde pour *l'Épopée* que pour les représentations classiques. En somme, le Théâtre d'application végétait. Mais il allait bientôt marcher, courir vers de brillantes destinées, en devenant... la Bodinière.

Le Théâtre d'application manquait d'air. M. Bodinier acheta les immeubles qui donnaient sur la rue Saint-Lazare, les jeta à bas ou les modifia, et il parvint ainsi à aménager d'une façon convenable le petit local que nous connaissons aujourd'hui. La façade est simple, avec deux grandes portes qui s'ouvrent par une clenchette, comme une porte de boutique; deux becs de gaz flambent de chaque côté. Un chasseur à casquette galonnée surveille l'entrée... Entrons, avec notre confrère Paphnuce. « Une petite antichambre; au fond une petite niche vitrée, puis un petit comptoir faisant office de contrôle; une nouvelle antichambre, au seuil de laquelle sourit, railleur, le buste de Renan. Partout des affiches en nombre incalculable. Encore une porte vitrée, derrière laquelle s'allonge une galerie aux murs éclectiques et bénévoles, tantôt tapissés de pastels audacieux, tantôt tendus de toiles bitumées avec abondance et ordonnancées suivant les formules classiques, Enfin, au sommet de l'escalier, la salle aux portes hospitalières où vient s'asseoir chaque jour, plutôt deux fois qu'une — quelquefois même trois, la société parisienne la plus soigneusement triée sur le volet, la quintessence de cette élite qui fait, défait et refait les réputations. »

En possession de sa nouvelle salle, le directeur fait flèche de tout bois. Dans le long couloir, il organise des expositions, celle de l'histoire du théâtre, tout d'abord (M. Jules Claretie fait la préface du catalogue); il donne hospitalité au Cercle funambulesque renaissant; il multiplie les spectacles inédits. Les auteurs ont confiance en lui ; c'est le duc de Bellune avec *le Neveu de son oncle*, Blémont et Valade avec *la Raison du moins fort*, André Alexandre avec *Hymnis*.

Le monde commence à venir. Il va affluer en 1890, pour les « matinées-causeries ». Sans vouloir faire de peine à l'excellent M. Bodinier, il nous permettra de dire que son idée, d'ailleurs excellente, n'était point nouvelle.

Vers la fin de l'Empire, la mode fut déjà aux conférences. Les conférences de la Sorbonne, organisées par M. Victor Duruy, et faites par les maîtres d'alors, sont demeurées célèbres. Théophile Gautier écrivait, dès 1867 : « La conférence est à la mode aujourd'hui et la fréquence de la chose a nécessité l'introduction d'un barbarisme dans la langue : on dit *conférencier*, comme on disait poëte, orateur, musicien. Par cette époque de rénovation générale où les vieilles formes disparaissent pour faire place à des formes nouvelles, et où l'on sent, comme à travers un brouillard, se dessiner la figure de l'avenir, il est inutile de se gendarmer pour un mot, d'ailleurs de construction régulière. Nous en verrons bien d'autres. »

Théophile Gautier était bon prophète. En effet, nous en avons vu bien d'autres.

Quoi qu'il en soit, les « matinées-causeries » de Bodinier réussirent à souhait.

Tour à tour paraissent sur la petite scène François Coppée, Anatole France, Armand Silvestre, Ganderax, Francisque Sarcey, Ferdinand Brunetière, Henry Fouquier, Maurice Bouchor, Antoine Banès, Paul Desjardins, Maurice Donnay, Georges Boyer, qui viennent exposer leurs idées sur l'art, la critique, la littérature. Camille Bellaigue fait l'*Histoire de la musique* en huit leçons ; les principaux artistes lui apportent leur concours, en venant interpréter tel ou tel morceau cité par les conférenciers. Enfin, Yvette vient. Elle arrive de Bruxelles. Paris ne la connaît presque pas. Hugues le Roux la présente. Elle dit ses chansons, et tout Paris vient à la Bodinière.

On y vient matin et soir ; on y vient pour Yvette ; on y vient aussi pour les brillantes expositions de Chéret et de Renouard ; on y vient encore pour les représentations de *l'Infidèle*, de Georges de Porto-Riche, avec Mlle Moreno, de *Marthe*, d'Ernest Daudet, de *Sauvetage*, de Gyp, d'*Après le divorce*, de Paul Bonnetain.

Bodinier n'a plus qu'à se laisser vivre et à se laisser faire. « Il promène sur la foule bariolée et jacassante, qui va et vient sans cesse dans sa galerie et dans sa salle, un excellent sourire de brave homme qui n'a que des amis. » Alors, il donne *la Passion* d'Haraucourt, *le Miracle de saint Nicolas* de Gabriel Vicaire, *les Lieds de France* de Catulle Mendès et Bruneau, *Tamara*, de Mme Tola Doria, *Daria*, d'Henri Amic, *la Statue du Commandeur*, de MM. Eudel, Mangin et David, qui fait fureur, *les Poèmes d'amour*, d'Armand Sylvestre; *Très Russe*, d'Oscar Méténier et Jean Lorrain, etc.

Il donne aussi des revues, *Paris chez soi*, de Lihus et Oudot, *Paris-Printemps*, de Alévy et Vély, *Paris-Bazar*. Il donne son couloir pour exposition à Gyp et à Bob, à Guérard pour ses eaux-fortes, à Caliban pour *Poil et Plume*, etc... La chanson accapare les matinées-causeries : on entend les *chansons brutales* avec Félicia Mallet, que présente Maurice Lefèvre; la *romance* de nos pères, que soupirent délicieusement Mme Mathilde Auguez et M. Cooper; les *chansons d'autrefois*, que dit fort spirituellement Mme Amel, de la Comédie-Française, présentée par Georges Boyer; on entend aussi

Simon-Girard, Alice Lavigne et Victor Maurel; tout cela est d'hier; c'est hier enfin que nous entendions l'intéressante conférence de M. Robert de Montesquiou sur Mme Desbordes-Valmore, qui fut dite devant un parterre de princesses et de marquises.

※

Entre temps, les sociétés dramatiques de Paris — que nous retrouverons bientôt — descendent et s'installent à la Bodinière. Il faut bien suivre l'engouement général. Pourquoi cet engouement ? « Pourquoi cette menue salle simple et naïve, demande le chroniqueur que nous citons plus haut, avec son unique balcon et ses deux loges évidées dans un mur? Pourquoi cette cour vitrée et cette scène primitive ? Pourquoi pas un théâtre coquettement et luxueusement meublé? Pourquoi celui-ci plutôt que celui-là? Pourquoi cette salle qui n'est pas une salle ?

Pourquoi cette scène qui n'est pas un théâtre?... Mystère. Ainsi le veut Paris, dont la Bodinière est un des plus amusants caprices. Il lui a plu d'élever cette salle au rang de favorite, d'en faire le centre de toutes les attractions mondaines et d'y venir goûter des plaisirs délicats et subtils que les autres théâtres ne sauraient lui offrir. »

Et les élèves du Conservatoire? demandera peut-être quelqu'un. Il paraît qu'ils viennent une fois par semaine — est-ce bien sûr? — jouer au Théâtre d'application. Qu'est-ce, le Théâtre d'application? Où loge-t-il? Parlez-nous de la Bodinière, où s'engouffrent, matin et soir, les élégants et les élégantes de Paris, attendus dans le long couloir par des laquais galonnés et, au dehors, par des équipages aux chevaux fringants et piaffant qui débordent de la rue Saint-Lazare jusque dans la rue des Martyrs et la rue Saint-Georges!

Et cependant Bodinier, l'excellent Bodinier au nez retroussé, hume le vent. Cet Angevin sait que la mode, à Paris, est capricieuse. « J'ai amusé Paris aujourd'hui, se dit-il. Avec quoi l'amuserai-je demain? »

De quoi demain sera-t-il fait?

Demain, Bodinier compte ajouter à son répertoire habituel des représentations d'opéra comique. Lui aussi! Les élèves des classes de chant du Conservatoire viendraient à leur tour, « s'appliquer » à la Bodinière. Pourquoi pas? Mais que de représentations lyriques nous aurons l'année prochaine, à la galerie Vivienne, chez Antoine, chez Bodinier! Il est vrai que la musique adoucit les mœurs.

VI

Les Castagnettes. — Les Escholiers. — Le Gardenia. — Le Cercle funambulesque.

Au cours de nos notices sur la Tour-d'Auvergne, sur la salle Duprez, sur la galerie Vivienne, sur la Bodinière, nous avons cité quelques-unes des sociétés dramatiques privées qui ont emprunté ces petites scènes pour y donner leurs représentations. Le moment est venu de donner quelques rapides renseignements sur ces sociétés d'amateurs.

Quelques-unes, déjà, nous l'avons dit, n'existent plus. Retracer l'histoire de chacune de ces sociétés évanouies serait une tâche difficile, d'un résultat peut-être médiocre.

Nous ferons une exception pour les Castagnettes, dont la courte existence ne laissa pas d'être assez brillante.

Le cercle s'appelait en réalité le Cercle des arts intimes : les Castagnettes étaient le nom pour les initiés. Il eut comme fondateur M. Fernand Samuel, qui le dirigeait de l'intérieur du collège où il faisait ses études sous son vrai nom de Samuel Louveau, le collège Sainte-Barbe. Entre autres sociétaires imberbes, le fondateur avait réuni MM. Georges Feydeau, Fredericx, de l'*Indépendance belge*, Charles Martel, le brillant chroniqueur, Edmond Frisch, aujourd'hui M. le comte de Fels, Desvallière, Arago, le fils du sénateur, Albert Lambert, Albert Guinon, etc.

Les Castagnettes donnèrent leur première représentation dans la salle Pierre Petit, rue Cadet ; quand la salle Pierre Petit fut démolie, on alla à la Tour-d'Auvergne ; après la démolition de la Tour-d'Auvergne, on se réfugia aux Folies-Marigny ; après la démolition des Folies-Marigny, on traversa la salle

Herz; et enfin, après la démolition de la salle Herz, on s'installa dans la salle Duprez. C'est là que, de 1881 à 1884, les Castagnettes se distinguèrent particulièrement : dans une première plaquette publiée par M. Antoine, l'audacieux directeur déclare qu'il s'est inspiré des efforts des Castagnettes pour fonder le Théâtre-Libre.

La petite société joua successivement *Margarita*, de Victor Hugo; *la Coupe et les Lèvres* et *les Marrons du feu*, d'Alfred de Musset; *l'Assassin* et *l'Éducation d'un prince*, d'Edmond About; *les Mécontents*, de Mérimée; *Nos aïeux*, de Marc Bayeux, etc... Comme artistes, le public, trié sur le volet, put applaudir Mmes Favart, Dudlay, Lerou, Hadamard, Chartier, Brandès, Vrignault, Rosamond, Nancy Martel, Marie Bergé, Rachel Boyer, et Mlle Marcelle Lender. Le Cercle des arts intimes ou des Castagnettes fut dissous en 1884.

⁂

Arrivons aux cercles d'amateurs qui sont encore debout. Le plus ancien — après le cercle Pigalle — est celui des Escholiers. Il fut fondé par son président actuel, M. Georges Bourdon, qui est l'âme de la société; son plus actif collaborateur du début fut M. Lugné-Poé (alors simplement Aurélien Lugné), qui faisait sa rhétorique au lycée Condorcet.

La réunion constitutive de la société — car tout se fait dès lors avec des formes — eut lieu le 11 novembre 1886, dans l'appartement qu'occupaient ensemble, rue de Siam, à Passy, MM. Lefébure, actuellement sous-préfet à Tizi-Ouzou (Algérie), et Cordonnier, aujourd'hui juge au tribunal de Digne. Le théâtre, on le voit, mène à tout. On voit aussi que les Escholiers précédèrent le Théâtre-Libre, qui fut fondé seulement en 1887.

Ont été présidents successifs des Escholiers : MM. Lefébure, Natanson, le directeur de la *Revue blanche*, Alphonse Franck, secrétaire du Gymnase, Georges Bourdon et Robert Gangnat, alors secrétaire du député Pichon. Membres du cercle : MM. Salandri, Mourey, Jules Bois, Adolphe Thalasso, François de Nion, Klotz, Jacques Dreux, Géo Lange, Tarride, des avocats, des industriels, des médecins. Galerie Vivienne, salle Duprez, Bodinière, Théâtre-Moderne et, enfin, Comédie-Parisienne, telles furent les scènes qui donnèrent asile aux Escholiers.

Les Escholiers ne jouent que des œuvres inédites, émanant ou non des membres du cercle, et sans parti pris d'école. Exemples : *Neiges d'antan*, de Jules de Marthold ; *Une Vengeance*, de Henri Amic ; *les Vieux*, de Salandri ; *l'Éclipse*, d'Auguste Germain ; *l'Héritage de Pierrot*, de Mme Léopold Lacour ; *le Flagrant délit*, de Paul Ginisty ; *la Dame de la mer*, d'Ibsen ; *le Passant*, de Paul Gavault ; *l'Art*, de Adolphe Thalasso ; *l'Engrenage*, de

M. Brieux, etc. Les Escholiers ont aussi, les premiers, joué Ibsen et Maeterlinck à Paris. Du premier ils ont donné *la Dame de la mer* et du second *les Aveugles*. Le catalogue est beau.

Le cercle, qui recrute ses artistes un peu partout, sans parti pris également, a un comité d'administration et un comité de lecture, un président, un vice-président, un trésorier, un secrétaire général, M. Riboulet, un directeur de la scène, M. Tarride, un régisseur, un régisseur adjoint. Rien n'est abandonné au hasard. Pas assez même, à notre gré. Dans toutes les sociétés que nous passons maintenant en revue, tout est réglé, sérieux, compassé. Nous aimerions y trouver un grain, un petit grain de fantaisie.

L'année 1887, indépendamment du Théâtre-Libre, vit fleurir le cercle dramatique du Gardénia et renaître le Cercle funambulesque.

Le Gardénia a été fondé par M. Paul Fabre, secrétaire du commissariat du gouvernement du Canada à Paris, aidé de M. Duplay, artiste des Variétés. Quel hasard amena cette réunion inattendue ? Nous l'ignorons. Ne fait point qui veut partie du cercle. Les statuts, qui se composent de seize articles, sont fort sévères. Établis en 1887, ils ont déjà été revisés six fois : le Gardénia ne craint point la revision de sa Constitution. Pour être admis au cercle, fondé « dans le but de créer et d'entretenir des relations amicales et de donner des représentations dramatiques », il faut faire une demande écrite, qu'apostillent deux parrains. Trois mois après, si personne ne s'y oppose dans le cercle, le postulant est admis au scrutin secret : *dignus est intrare*. S'il est difficile de faire partie du cercle, il est facile de s'en faire rayer : il suffit de ne pas assister pendant trois mois aux réunions du cercle *sans congé régulier*. La société a des insignes : un gardénia, naturellement. Les membres doivent le porter à la boutonnière, les jours de représentation, *sous peine d'amende*.

Depuis la fondation, M. Paul Fabre a toujours présidé aux destinées du Gardénia, et M. Duplay a rempli les fonctions de régisseur général. Pour les représentations, auxquelles les membres du cercle prennent part comme acteurs, ils ont le droit aussi de proposer des pièces ; mais c'est au bureau qu'incombe le choix des ouvrages à jouer et la distribution des rôles. Un membre ayant accepté un rôle est tenu d'assister à toutes les répétitions : autant d'absences, autant d'amendes. On ne plaisante pas, dans le Gardénia.

Sur la liste des membres d'honneur ou actifs du cercle, nous lisons les noms suivants : Emile Goudeau, Jacques Ferny, George Auriol, Barral, Dubut de Laforest, Paul Delmet, Clerget, Victor Meusy, Bernès, etc. Le Gardénia, la plupart du temps, pour ses soirées, s'en tient, en fait de pièces, au répertoire connu et courant. Comme pièces inédites, nous ne relevons que celles de MM. Tiret-

Bognet, dessinateur, et Jacques Ferny. Par contre, on y eut la primeur de nombreux monologues ou chansons de MM. Paul Delmet, Alphonse Allais, Dubut de Laforest, Victor Meusy, Matrat, etc. M. Dubut de Laforest, l'auteur du *Gaga*, écrivit un rondeau *le Gardénia*, musique de M. Alfred Bert : il y a de ces contrastes.

Les membres du cercle appellent à leur aide, pour les soirées — et ils ont bien raison — les plus jolies actrices de Paris : Mmes Marcelle Lender, Irma Perrot, Emma George, Nancy Berthin, Launay, Louise Laurent, Yvonne Barnice, Rita d'Arzac, Gabrielle Legrand, etc. Les représentations ont eu lieu, jusqu'ici, à la galerie Vivienne, aux Fantaisies-Parisiennes, à la salle Dicksonn, à la Bodinière. La colonie canadienne de Paris les suit fidèlement.

Le cercle a l'intention de ne plus représenter que des pièces inédites (avis aux jeunes auteurs) que joueront toujours les actrices parisiennes réunies aux membres du cercle.

Vignette du Programme du "GARDÉNIA". (Théâtre d'application.)
D'après un dessin de DESMOULINS.

C'est le point capital. Après la représentation, tous soupent ensemble joyeusement. Ce souper a même donné l'idée au bureau de fonder un dîner mensuel. En somme, les sociétaires du Gardénia n'ont pas jusqu'ici tenté de rénover l'art dramatique. En dépit de leurs sévères statuts, ils ont voulu s'amuser et ils y ont réussi : c'est déjà quelque chose.

Plus hautes sont les visées du Cercle funambulesque, qui entend faire revivre, de notre temps, l'art de la pantomime, tombé, après une si brillante existence, dans l'oubli le plus profond.

L'honneur de cette renaissance revient à M. Eugène Larcher. Vers 1887, un libraire demandait à M. Larcher de composer un recueil de pantomimes pour quelques sociétés provinciales que ce genre de spectacle séduisait. M. Larcher va voir son ami Paul Legrand, et de leur collaboration sort un livre : *les Pantomimes de Paul Legrand*. Entre temps, pour une soirée, il fait répéter une pantomime à Mlle Félicia Mallet, alors peu connue, une autre à Mlle Invernizzi, de l'Opéra. Frappé par l'effet produit, il réunit quelques amis, MM. Paul Legrand, Paul Hugounet, Félix Larcher, son frère, et leur soumet un projet de fondation d'un cercle consacré à la pantomime.

Après bien des tâtonnements, bien des épreuves, le Cercle funambulesque donna sa première représentation le 15 mai 1888, au Pardès-Théâtre, rue Rochechouart, avec le programme suivant : « Programme d'ouverture de Jacques Normand ; *Colombine abandonnée*, de Paul Margueritte et Fernand Beissier ; *l'Amour de l'Art*, de Raoul de Najac : *Léandre ambassadeur*, parade adaptée par M. Alfred Copin. » La presse entière, dès le début, accueillit avec la plus grande faveur le nouveau cercle. Depuis, elle a suivi avec exactitude ses représentations et constaté leur succès avec *Barbebleuette*, de Raoul de Najac et Francis Thomé ; *la Lune*, de Fernand Beissier et Edmond Audran ; *Lulu*, de Félicien Champsaur ; *le Cœur brisé*, de M. Fernand Hue ; *la Révérence*, de MM. Lecorbeiller et Vidal ; *la Fin de Pierrot*, de M. Hugounet ; *Illusions perdues*, de MM. Jean Jullien et Paulin, etc.

Deux œuvres priment toutes les autres : *l'Enfant prodigue*, de M. Michel Carré, musique de M. André Wormser, qui est devenu en quelque sorte classique, et *la Statue du Commandeur*, de Champfleury, mise à la scène par MM. Paul Eudel et Mangin, musique de M. Adolphe David. Toutes ces œuvres eurent des interprètes de choix : Paul Legrand, Tarride, Courtès, Galipaux, Laugier, Pierre Achard, Mmes Félicia Mallet, Sanlaville, Invernizzi, Litini, Bianca Duhamel, Theven, Feriel, Dathènes, etc.

On a beaucoup discuté, à propos du Cercle funambulesque et du brillant succès de la tentative des frères Larcher, sur la pantomime. Doit-elle être simple ou compliquée, claire ou complexe ? Doit-elle s'attaquer à des légendes connues ou inventer des scénarios inédits ? Doit-elle être dramatique ou comique, lugubre ou gaie, calme ou mouvementée ? Autant de sujets pour les exégètes de la pantomime.

Pour nous, une des choses qui a le plus contribué à assurer à cet art qui était bien mort une vie nouvelle, c'est que la musique lui a été intimement associée, ce qui n'avait point lieu à la Comédie-Italienne et à la Foire Saint-Laurent. L'accord intime, parfait, du geste et de la musique fut pour beaucoup dans le succès des œuvres représentées : on l'a vu dans *l'Enfant prodigue*, dans *la Statue du Commandeur*, dans *Barbebleuette*. Le Cercle funambulesque a aujourd'hui six ans d'existence. Il a de nombreux adhérents et, si les dépenses sont élevées, les ressources sont assez grandes. Sûr du lendemain, il n'a plus qu'à consolider la gloire qu'il a conquise au prix de courageux efforts.

VII

Les Gaulois. — Le Masque. — La Rampe. — Les théâtres des Poètes et des Lettres. — P. M. P. — Soirées çà et là. — Indépendants. — Refusés.

A mesure que les années se rapprochent de nous, les cercles dramatiques croissent et se multiplient. Pour sa part, l'année 1891 en voit naître trois, coup sur coup : les Gaulois, le Masque, la Rampe. L'histoire de leurs premiers efforts sera brève à raconter.

Les Gaulois ont été fondés le vendredi 13 février, par treize membres fondateurs : que de prétextes pour les amateurs de superstition ! Ils mirent à leur tête M. Richard

Christian, qui est, de son métier, artiste dramatique et qui est remuant, actif, « débrouillard ». Le cercle se fondait pour jouer des œuvres inédites, toutes des membres de la société et interprétées (du côté masculin) également par des sociétaires. Cercle très ouvert : peu de formalités. Il suffit que le casier judiciaire soit net pour être admis. Il y a un comité de direction et un comité de lecture, et le nombre de « fonctionnaires » nécessaire. Les membres « actifs » payent une cotisation de 5 francs par mois ; les membres « adhérents », qui ne sont ni auteurs ni acteurs, mais simples spectateurs, payent 25 francs par an : ce sont les ressources de la société.

Le premier spectacle a été donné en mai 1891. Depuis, neuf représentations ont réuni trente-sept actes inédits, des pièces d'un ou plusieurs actes, quelques-unes avec chant, orchestre et chœurs. Vingt-six auteurs ont été représentés. Nous citerons notamment M. Jules de Gastyne : *Nos Maris s'amusent*, trois

THÉATRE D'APPLICATION
18, rue Saint-Lazare.

LES GAULOIS
Société dramatique
ET LITTÉRAIRE

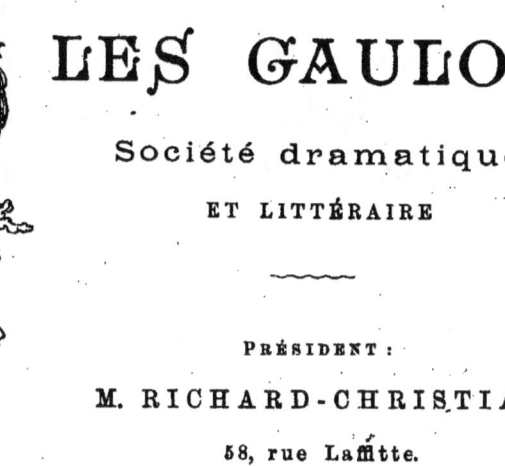

Président :

M. RICHARD-CHRISTIAN
58, rue Laffitte.

3ᵉ ANNÉE

10ᵉ SPECTACLE. — 14ᵉ ET 15ᵉ SOIRÉES

Série A

1ʳᵉ REPRÉSENTATION

Lundi 21 Mai 1894

RIDEAU A 9 HEURES

Renseignements et adhésions les lundis et vendredis soir, 46, rue Richer.

actes, le duc de Bellune : *les Conseils de grand'-mère*, Mme Fernand de la Tombelle (Camille Bruno) : *la Rivale*, pièce en quatre actes, Mme Lecointe (Luigi Spes) : *Nuit d'hymen*, M. Louis Figuier avec *l'Enfant trouvée*, pièce en trois actes, MM. Botrel, de Marigny, Antigeon, Philibert, Paul Bru, Schmoll, Blum, Chadourne, etc.

Les interprètes, nous l'avons dit, sont les membres du cercle. Ils ont pour guides M. Richard Christian et Mlle Scrivaneck qui a particulièrement aidé de ses conseils les artistes femmes, dont la plupart sont ses élèves. Le président ne se ménage point : il a même eu deux duels pour l'honneur de la société. Celle-ci entend être très libérale et demeurer ouverte, pour les représentations, à toutes les écoles d'art. Les Gaulois ont un insigne : un coq. Un coq? Oui, madame, un coq. Des insignes d'honneur sont décernés à ceux qui se sont distingués. Il y a trois degrés dans ces honneurs : 6 coqs en argent diamanté, 2 coqs en or, et 1 coq en diamant peuvent être distribués. Avoir le coq en diamant ! quelle gloire et... quelle garantie !

Le Masque est né en mai 1891. Au début, il souhaitait uniquement faire représenter par ses membres des pièces de l'ancien répertoire : il avait alors pour président d'honneur Léopold Stapleaux. Le cercle offre la présidence d'honneur à Catulle Mendès et immédiatement, le cercle a des ambitions plus élevées; il entend, lui aussi, aider à l'éclosion des jeunes talents. Les représentations de 1892 deviennent plus variées, plus intéressantes. On y joue des pièces nouvelles; un acte en vers de M. Weill, *le Paradis gagné*, puis *Un Flagrant Délit*, de M. Marandet, *la Vieillesse de Pierrot*, de M. Hauser, tous trois membres du cercle. Les *Lieds de France*, de Catulle Mendès, dits par Mlle Moreno, forment un gracieux intermède. Une soirée est

consacrée à Théodore de Banville et à ses
œuvres qu'interprètent MM. Depas, Baron
fils, Krauss, Mmes Berty et Lucy Girard, et
sur lesquelles Catulle Mendès fait une étincelante causerie... Aux soirées suivantes, toujours de l'inédit, pièces en vers, comédies,
ou même vaudevilles (oh! Mendès!). A la dernière représentation, qui est en avril 1894, il
y a quelques mois, le programme réunissait
un vaudeville de M. Hurel, une bluette en
vers libres de M. d'Ingouville, un drame naturaliste, *les Vieux*, de M. Belle, et une comédie satirique de Mme Rachilde : il y en
avait pour tous les goûts. Le Masque a un
président jeune et aimable, M. Bouchet, qui
veut imprimer au cercle une activité toujours
croissante et qui a, pour la saison prochaine,
de grands projets. Pour les mener à bien, la
compétence de son président d'honneur ne
lui sera pas inutile.

La Rampe eut, comme la plupart des sociétés analogues, une naissance modeste. Quelques jeunes gens amateurs de théâtre donnent des soirées pour leur plaisir et celui de leurs amis, soit chez eux, soit dans une salle louée. L'ambition vient avec le succès et, de ce petit noyau d'amis, sort, au bout de peu de temps, un cercle dramatique. Fondée en 1891, la Rampe donna sa première représentation en janvier 1892, à la salle Duprez. Elle se composait d'un prologue en vers du poète Didier ; de *Melitta*, pièce en un acte, en vers, de M. Marcel ; *Une Succursale*, comédie en trois actes de MM. Rouget et Carpentier d'Agneau, le président actuel du cercle. Les représentations se suivent, toujours avec des pièces inédites de MM. Esquier, Didier, Paul Gruyer, Suzel, Lucien Besnard. En 1893, la Rampe se transporte au théâtre

Déjazet pour y donner *la Faim*, drame en vers de M. Adolphe Thalasso; inspirée par le tragique suicide de la famille Hayem, cette œuvre faisait voir au spectateur la mort de sept personnes : le spectateur frissonna. Aussi, la fois suivante, en mars de cette année, on lui offrit une comédie de MM. Rouget et Carpentier d'Agneau, *Part à deux*.

Dans la dernière représentation, qui eut lieu en mai 1894, nous avons eu *les Microbes*, de MM. Claës et Guillaume, et une scène lyrique de M. Hesse et Mme Schloss, intitulée *l'Amour*. Ce poème eut du succès : l'amour est-il donc ce qu'il y a de mieux en ce monde? La Rampe a loué pour la saison prochaine et pour elle seule la salle Duprez, dont nous avons parlé précédemment. Elle fait pratiquer sur la scène de grands travaux de décoration et de machinerie. Elle ouvre sa porte à toutes les tentatives, à tous les genres :

Tous les genres sont bons, hors le genre ennuyeux.

7.

❦

Voici venir les cercles dramatiques éclos le plus récemment.

C'est d'abord le théâtre des Poètes. En le fondant, M. Charles Léger a voulu affranchir les œuvres poétiques des conventions qui entravent généralement leur essor sur les grandes scènes. « Le poète, disait-il dans son manifeste, apportera sa pensée, et sans modification aucune nous la voulons soumettre à l'auditeur. En face du théâtre naturaliste, il est temps d'édifier le théâtre poétique. » But louable, assurément. L'initiateur recueillit immédiatement de nombreuses et flatteuses adhésions. Le 23 mai 1893, la soirée d'inauguration eut lieu dans la salle de l'Alcazar d'hiver, sous la présidence de M. François Coppée. Le spectacle se composait d'un prologue en vers de Charles Füster, d'un acte de François Fabié, *Sous un chêne*, d'un acte d'Armand Silvestre et de deux autres petites pièces. La série des représentations de la saison 1893-1894 commença le 15 novembre 1893 par *l'Empereur*, légende en huit tableaux de M. Grandmougin. La mise en scène de cette œuvre ayant été assez dispendieuse, le théâtre des Poètes ne put donner son second spectacle qu'en janvier 1894, avec un drame breton de M. Eugène le Mouël, *Kemener*, et *la Prière à l'étoile* de M. Michaud d'Humiac ; le troisième spectacle fut représenté en avril et se composa de *l'Exil d'Eros* de M. de Raismes, de *Plus fort que la mort* de M. Paul Gruyer, de *Pierrot sceptique* de M. René Saint-Maurice. M. Léger annonce l'intention de monter plusieurs grands drames en vers. Il a de beaux projets. Puisse-t-il les réaliser, au moins en partie !

Le théâtre des Lettres a été fondé par M. Clairouin et Mme Daubrive, et il s'est placé sous le haut patronage de MM. Henri de Bornier, François Coppée, Jules Simon et Sully Prudhomme. Son but est de « mettre en lumière, en dehors de toute préoccupation commerciale, sans parti pris d'école, toute œuvre remarquable par ses qualités de style, d'étude, d'observation et d'enseignement ». Cela, certes, est bien dit et constitue un beau programme. Mais il ne suffit point de dire : il faut faire. Voyons ce qui a été fait. La première représentation du théâtre des Lettres a eu lieu dans les premiers mois de 1894. On y a joué les pièces suivantes : *l'Étoile*, l'acte d'André Gill et Jean Richepin, *Vieux*, un acte de M. Edmond Sée, et *Maîtresse femme*, une comédie en trois actes de M. Jules Chancel. Cette dernière pièce, qu'interprétaient Mmes Gerfaut, Vissocq, MM. Matrat, Chautard, Frédal, Melchissédec fils, fut remarquée. Pour la dernière représentation, qui est de la fin de mai, le théâtre des Lettres donna une pièce déjà connue de M. François Coppée, *les Deux Douleurs*, et *les Lâcheurs*, une comédie de M. Franchetti où la critique reconnut des qualités dramatiques. L'âme du cercle, c'est Mme Daubrive, qui a pris une part des plus actives à sa fondation, qui met les pièces en scène, qui y joue des rôles et qui a eu, en somme, le plus grand mérite à monter plusieurs spectacles d'une façon satisfaisante. Au surplus, c'est une femme. Ne la décourageons pas.

P. M. P. : on croirait voir l'abréviation du nom d'une compagnie de chemin de fer. C'est la marque d'un cercle dramatique. En 1892, deux jeunes artistes, MM. André Delaistre et Pierre Joret, conçurent le projet de fonder une société où toutes les branches de l'art se trouveraient réunies. Les adhésions furent, en peu de temps, assez nombreuses et aboutirent à la fondation de l'association artistique « Peinture, Musique, Poésie », ou

P. M. P. Cette association veut « faciliter le progrès de l'art en général et procurer aux artistes le moyen de faire apprécier leurs talents par des expositions de peinture, sculpture et par des auditions musicales et littéraires ». L'idée n'est point si mauvaise. Une première audition littéraire et musicale a été donnée le 14 avril 1893, à la Bodinière, avec le concours de Mmes Félicia Mallet et Ludwig ; on y a joué notamment *Colombine pour deux*, pantomime de M. Henri Amic, musique de M. Joret. En janvier dernier, à la Bodinière (toujours !) exposition des peintres : on y voyait des œuvres d'Albert Aublet, Guignard, Gagliardini, Allongé, Julien Dupré, Laugée, etc... Enfin, en avril, deuxième audition littéraire et musicale, avec une plaisante revue qui s'appelait *la Revue à domicile*. Il y a dans les statuts de P. M. P. un article intéressant. Il y est dit qu'une réserve annuelle de 1/2 p. 100 sera prélevée sur les cotisations pour fonder une caisse de secours destinée à venir en aide, soit aux membres nécessiteux de l'association, soit à leurs veuves et à leurs enfants. Il y a là une pensée touchante qui méritait d'être signalée.

⁂

Nous pourrions parler encore d'un cercle dramatique qui s'intitula « l'Association artistique » et qui eut pour directrice Mme Camille Clermont et pour secrétaire un très actif journaliste M. Théodore Avonde. Mais sa durée fut bien éphémère. Une année le vit naître, exister et mourir. Mme Camille Clermont n'était autre que l'ancienne Fanfan Benoîton qui, dans la fameuse pièce de M. Victorien Sardou, en 1865, avait séduit tout Paris. « La surprise de la soirée, écrivait M. Sarcey, a été une petite fille de sept ans, qui a ravi le public par sa grâce, son ingénuité et son esprit. Le rôle que lui a écrit Sardou est ravissant. » Fanfan Benoîton, après avoir dirigé l'Association artistique, est aujourd'hui vice-résidente au Tonkin : la destinée a de ces surprises. Quant au cercle, il donna trois représentations, au Vaudeville et à la Renaissance, avec des pièces de MM. Maxime Boucheron, Louis Legendre, Henri Amic, Richard O'Monroy et Sipière. Ce fut tout. On y contait l'histoire assez amusante d'un comédien de province — mettons de la Normandie — qui avait écrit pour offrir ses services, se donnant comme un grand premier rôle : c'était le plus complet des *m'as-tu-vu*. Mais Mme Clermont, se défiant un peu, lui demanda, sinon d'apporter sa personne, au moins d'envoyer son portrait. Le portrait arriva : il était superbe. L'acteur était représenté dans un rôle de Victor Hugo : il était irrésistible. Mme Clermont l'engage. Elle se dit : « Quel beau jeune premier nous allons avoir ! Comment n'est-il pas à Paris? Nous allons le révéler. » L'acteur arrive et se présente. Il était, en réalité, malingre, fluet et laid à faire peur. On le garda, cependant; mais ce ne fut point une révélation. Aujourd'hui, il joue les utilités dans un théâtre du boulevard, croyons-nous.

⁂

A défaut de théâtre lyrique, nous avons eu, cette année, les « Auditions lyriques » organisées par Mme Chauchereau. Le but de cette société, dont M. Hattais est l'administrateur dévoué, est de donner plusieurs spectacles par an composés d'œuvres lyriques ou de fragments inédits. Le premier de ces spectacles a eu lieu à la Bodinière. Il comprenait une scène de MM. Moreau pour les paroles, Paul Vidal pour la musique, *Gladiateur*; d'un drame biblique de MM. Haltais et Bonval, *Bath-sé-ba*, et d'une scène de MM. Crosti et Renaud-Maury, *Jeanne d'Arc*; Mme Chauchereau, se prodiguant, interprétait les trois œuvres.

Le programme des « Soirées çà et là » est le plus large de tous ceux que nous avons rencontrés. Leur but est de « fournir à la pensée un moyen de se produire publiquement, sous quelque forme qu'elle se manifeste, à la condition d'apporter un enseignement ou des qualités bien marquées d'expression ». Des causeries, consacrées à la philosophie, à la littérature, à la science, à l'industrie, accompagnent les œuvres des poètes et des musiciens. La première soirée fut donnée à la salle de la rue d'Athènes le 26 février 1894; la dernière, qui était la troisième de l'année, eut lieu à la Bodinière, naturellement. On y entendit des œuvres du compositeur André Colomb et du poète Walder, qu'interprétaient Mlles Jane de Sokolow, de Los Rios, Nyma, etc., noms bien exotiques. Il est vrai que le directeur des

« Soirées çà et là » a pris le nom de M. Passim. On n'est pas plus spirituel.

⁂

Il nous serait possible, aussi, d'étendre nos recherches sur ces petites sociétés où l'on se réunit de temps en temps, entre amis, pour rire, boire et chanter. Telle est la société des « Épicuriens », issue du Caveau en 1819. Elle vit encore. Tous les six mois, elle donne un banquet de famille où les femmes et les enfants des sociétaires sont admis. Le signe distinctif de la société est une lyre avec un ruban. L'un de ses divertissements habituels est la marotte. Chaque membre, sans interruption et sans choix, chante un couplet, le premier qui se présente à son esprit. Il se produit parfois des rapprochements imprévus et plaisants. Du reste, bien des œuvres de plus grande prétention n'offrent pas beaucoup plus de suite, n'est-ce pas? Les sociétés de ce genre sortent un peu du cadre que nous avons choisi. Laissons-les de côté.

⁂

Parlerons-nous, par contre, du « Théâtre X... », de la « Pléiade », des « Planches » (président d'honneur Jean Aicard, président Armand Alexandre), du « théâtre des Jeunes »? Ce sont encore autant de sociétés dramatiques; mais elles datent d'hier, pour la plupart, et leur existence ne fut marquée encore par aucun incident important. Il en est de même du Théâtre socialiste et du Théâtre social : car nous avons les deux.

Demain, aussi, nous aurons le théâtre des Indépendants et le théâtre des Refusés, qui annoncent tous deux d'excellentes intentions. Et les refusés des Refusés, ne trouveront-ils pas quelque part un abri? Au dernier moment, on nous dit que le Théâtre des refusés prendra le titre de Théâtre d'appel... A quand, alors, le Théâtre de cassation?

VIII

L'opinion de MM. Alexandre Dumas, Pailleron et Jules Claretie.

Nous ne saurions mieux couronner cette étude sur les sociétés ou cercles dramatiques qu'en donnant, à leur propos, l'avis de quelques-uns des maîtres du théâtre contemporain ou des personnes compétentes.

Consulté par nous, M. Alexandre Dumas a bien voulu nous adresser la lettre suivante :

« Mon cher monsieur,

« Je viens, non pas de parcourir, mais de lire d'un bout à l'autre vos études sur les petits théâtres, les petites sociétés, les petits cercles. J'ai pris un très grand plaisir à cette lecture. C'est déjà répondre à la question que vous me posez.

« Une étude ne peut être intéressante que si l'objet de cette étude est intéressant lui-même. Je suis donc pour ces petites scènes qui peuvent fournir aux jeunes auteurs et aux jeunes comédiens l'occasion de se produire dans les genres les plus divers. Elles tiennent la curiosité et l'attention du public en éveil. C'est à elles que nous devons la mise en lumière et en forme de certaines œuvres d'Ibsen et de Maeterlink, la première révélation du talent de M. de Curel et de M. Courteline, la restauration de la pantomime et les marionnettes mystiques de Bouchor.

« Encouragez-les donc le plus que vous pourrez. Il en sortira toujours quelque chose dont notre art profitera.

« L'exagération même et l'outrance de ceux qui veulent tout dire et tout montrer sur les planches ont leur bon côté. Le spectateur, tout en faisant justice des excès, prend malgré lui l'habitude des points de vue nouveaux, et quand il s'est bien rebiffé, il se trouve, à son insu, disposé à permettre plus de liberté à ceux qui s'en savent servir.

« Les hommes d'un vrai talent profitent alors des tentatives avortées et que l'on croyait stériles. C'est comme le fumier qui chauffe la terre et fait pousser le bon grain. Tout compte fait, le Théâtre-Libre a rendu de très grands services; il en aurait rendu de plus grands. Il est malheureux qu'il ait disparu. Voilà mon opinion.

« Je crois bien que c'est la vôtre, si j'en juge par ce que je viens de lire.

« Tous mes meilleurs sentiments.

« ALEXANDRE DUMAS. »

M. Edouard Pailleron nous écrivait de son côté :

« Mon cher Aderer,

« Les petites associations dramatiques

dont vous vous occupez ont-elles été utiles ou nuisibles au théâtre ?

« Jusqu'à présent, elles n'ont guère mis en lumière qu'un genre et qu'un nom.

« Le genre, c'est la pantomime, qu'on ne peut pas appeler une nouveauté.

« Le nom, c'est celui du poète Bouchor, dont la célébrité et le talent n'avaient pas besoin de cet adjuvant.

« Et d'ailleurs, croyez-vous que cette question touche le public ? En ce qui concerne ses plaisirs, il se préoccupe bien plus de l'effet que de la cause. Et il a raison.

« Cordialement à vous.

« Edouard Pailleron. »

Voici enfin une lettre de M. Jules Claretie qui résume en termes excellents et très nets toute la question :

« Mon cher ami,

« J'ai lu avec infiniment de plaisir vos articles sur les petits théâtres et je voulais même vous donner le conseil de les réunir en brochure. Avec des croquis çà et là, ce serait un chapitre à garder.

« Vous me demandez ce que je pense de ces scènes spéciales où débutent les jeunes auteurs, où s'exercent les jeunes artistes. A mon avis, elles sont à la fois utiles et dangereuses. Utiles parce qu'elles permettent aux débutants de se produire, dangereuses parce qu'elles les mettent face à face non pas avec le vrai public, celui qui juge sans parti pris, mais avec un public spécial qui applaudit au lieu d'avertir et acclame au lieu d'enseigner. Autrefois, c'était en d'autres petits théâtres, les Folies, les Délassements, les Bouffes, devant le grand public, que les auteurs dramatiques faisaient leurs premières armes. Ils sortaient souvent de ces rencontres un peu éclopés, mais conscients du péril. Le public, qui est toujours un peu le collaborateur des écrivains, devenait leur moniteur. Ils avaient fait assaut, non entre camarades de même force, mais sur le terrain, et ces leçons de duel ou ces duels étaient singulièrement utiles.

« Ce qui est dangereux en art, c'est la coterie. Voyez ces jeunes comédiens qu'on déclare admirables, supérieurs, incomparables, lorsqu'ils jouent sur les petites scènes dont, nouveau Tallemant, nouveau Brazier, vous avez écrit l'historiette, et que la critique déclare médiocres, impossibles, je ne dis pas même quand ils abordent le théâtre, mais quand ils concourent tout simplement au Conservatoire.

« Jamais on ne vit concours plus faible, » c'est le cri annuel. Et cependant, toute l'année durant, on a dit à ces jeunes gens et à ces jeunes filles, lorsqu'ils ont joué çà et là quelque œuvre nouvelle : « Vous avez de la beauté, un talent exquis, un art merveilleux de diction ! » On les grise pendant des mois, quitte à les dégriser en juillet. On leur avait trouvé du génie, et on ne leur trouve même plus de talent. C'est excessif ! Mais, encore un coup, c'est que le public n'est pas la camaraderie.

C'est qu'il faut en rabattre des succès d'école.
C'est, en un mot, que l'*art au cercle* est un
art spécial. Le cercle, fût-il mondain ou purement littéraire, devient trop vite ce que
nous appelions autrefois une *petite église.*

« Ce danger une fois signalé, je n'ai plus
qu'à souhaiter que les petits théâtres naissent
et renaissent où se puissent former des comédiens et révéler des auteurs. Après tout, ces
essais, ces fièvres, ces acclamations de confrères ou de compères, c'est la vie ! J'aime
cette turbulence dans la recherche du succès.
Il faut bien *arriver!* La lutte est âpre, les
places sont prises. On monte sur le tréteau
qu'on peut trouver, on se drape dans les oripeaux qu'on rencontre. On débute où l'on
peut. Eugène Delacroix disait : « Vous n'avez
« pas d'église à décorer? Barbouillez votre
« fresque sur les murailles de la rue ! »

« La *fable prouve* qu'il faudrait, du reste,
un théâtre ouvert uniquement aux *jeunes*, et
vienne le Mécène qui le subventionnera.

« En attendant, les nouveaux venus ne se

plaindront pas de n'avoir point de tribunes. Les petits théâtres pullulent. Alexandre Dumas fils, lorsqu'il eut écrit sa première pièce, n'avait pas une scène où la donner. Pas une. Il la promenait de théâtre en théâtre, d'une comédienne à une comédienne, de Déjazet à Rachel, et de Rachel à Fargueil. On n'en voulait pas, et il s'appelait Dumas.

« S'il y avait eu en son temps des petits théâtres de jeunes, il eût donné plus tôt *la Dame aux Camélias!* Il attendit. *La Dame aux Camélias* avait, il est vrai, le temps d'attendre.

« Aujourd'hui on prétend qu'il n'y a plus de pièces et il y a trop d'auteurs. On écrit journellement qu'il n'y a plus de comédiens et les artistes pullulent. La vérité est peut-être qu'il y a trop de tout, ce qui semble faire croire qu'il n'y a plus rien.

« A totaliser les essais produits sur les théâtres dont vous avez parlé, mon cher Aderer, quelle somme de talent cependant et quel amour des lettres! Un jour on verra, j'espère, que toutes ces comédies, ces drames, ne sont pas, comme disait Shakespeare, des *peines d'amour perdues.*

« A vous de tout cœur.

« JULES CLARETIE. »

IX

Conclusion.

Notre enquête est finie.

Elle dénote, en tout cas, le nombre extraordinaire de cercles dramatiques qui ont poussé dans ces dernières années, et aussi l'énorme quantité de pièces de tout genre qui y furent représentées.

Si, après les maîtres qu'on vient de lire, on nous permet d'exprimer notre humble avis, nous serons tenté de nous demander si tous les efforts, sincères, intelligents, que nous avons loués, atteignent le but auquel ils tendent.

Au lieu de concentrer l'attention publique sur des œuvres qui la mériteraient, ne la disséminent-ils point sur des ouvrages incomplets? Ne surexcitent-ils pas trop tôt la présomption de l'auteur et de l'interprète, qui ne se donnent plus, ni l'un ni l'autre, la peine d'arriver à la perfection?

En somme, dans l'art dramatique, ceux-là seuls ont grandi et méritaient de grandir qui ont eu beaucoup de déboires et les ont surmontés. Pour être un grand artiste ou un grand écrivain, n'est-il pas souvent utile de manger, comme l'on dit, de la vache enragée?

———

UN THÉÂTRE LYRIQUE

ET

UN THÉÂTRE FRANÇAIS

POPULAIRES

UN

THÉÂTRE LYRIQUE POPULAIRE

Quelques personnes nous ont demandé de réunir en un volume les études que nous avons publiées dans *le Temps*, sur la création d'un Théâtre de musique et d'un Théâtre français populaires. Nous les joignons ici à celles qu'on vient de lire sur le « Théâtre à côté ». Aussi bien, la question du troisième Théâtre de musique, du Théâtre lyrique, comme on dit le plus souvent, est toujours à l'étude, et pour quelque temps encore, sans doute.

LA CRISE THÉÂTRALE

L'année dernière, on parlait beaucoup « de la crise théâtrale ». Les statistiques des recettes accusaient un déficit sensible. Les directeurs criaient famine; les acteurs se plaignaient; les auteurs se désolaient. Les journaux s'emparèrent de ce sujet « éminemment parisien ». Les interviews succédèrent aux interviews. Tout le monde donna son avis, et les avis exprimés furent différents. *Quot homines, tot sententiæ.*

Cependant, quelques vérités évidentes ressortirent de l'enquête. On peut les résumer ainsi :

« En somme, les Parisiens consacrent chaque année la même somme d'argent à leurs plaisirs. Les tableaux des recettes pendant les vingt dernières années le prouvent clairement.

« Mais, première vérité, le Parisien d'aujourd'hui fréquente moins le théâtre et davantage le café-concert... Il trouve le café-concert moins coûteux : il y est à son aise. Pour quarante sous, il est bien placé au café-concert; pour le même prix, il est très mal logé au théâtre.

« Il est vrai que les théâtres ne peuvent baisser leur prix, à cause des exigences des artistes et des frais généraux. Deuxième vérité.

« Troisième vérité. Les pièces représentées au théâtre ne sont pas toujours bien intéressantes.

« Quatrième vérité. Les théâtres sont trop nombreux. »

LES CAFÉS-CONCERTS

Les cafés-concerts sont-ils si florissants ? Oui, car ils pullulent. Il y en a dans tous les quartiers. Il y en a partout.

On s'imagine avoir tout dit lorsqu'on a nommé la Scala, l'Eldorado, le Concert-Parisien, l'Éden-Concert, l'Horloge, les Ambassadeurs, l'Alcazar. Il suffit de feuilleter les pages de l'Annuaire de la Société des auteurs et compositeurs de musique, la Société Souchon, pour être édifié.

La Société, pour la perception des droits, a divisé les cafés-concerts en cafés-concerts de premier ordre et de deuxième ordre. Les voici tous ou à peu près tous :

Premier ordre. Bataclan, Bateaux-Omnibus, Cigale, Éden-Concert, Eldorado, Époque, Européen, Fauvette, Folies de Belleville, Gaîté-Montparnasse, Gaîté-Rochechouart, Concert-Parisien, Paris-Concert, Pépinière, Scala, Splendide-Taverne (aujourd'hui Parisiana), Vingtième-Siècle.

A cette liste viennent s'ajouter, l'été, les cafés-concerts des Champs-Élysées.

Deuxième ordre. Les Adrets, Américain, les Arts, Brasserie Centrale, Brasserie de la Croix de Lorraine, Brasserie Française, Brasserie des Martyrs, les Cadrans, Casino du XIX° Siècle, Casino du Champ de Mars, Cheval-Blanc, Coq d'Or, Commerce, Décadents, Divan Japonais, Divan Russe, Enfants de Paris, Épi d'Or, Espérance, Fantaisies Nouvelles, Folies-Cluny, Girondins, Grand-Café, Hôtel Terminus, Indépendance, Jacques-Cœur, le Libre-Échange, de Lyon, Moderne, de l'Ouest, du Phénix, de la Presse, de la

Renaissance, de la Rotonde, Rouge, du Soleil, Taverne Gauloise, Taverne Parisienne, Villa-Japonaise, Pavillon du Chemin de Fer, Pavillon du Lac, Pavillon de Puebla, etc.

Si ces cafés-concerts subsistent et vivent, c'est qu'ils font des recettes. Ils font même de grosses recettes. Il en est qui recueillent jusqu'à cent mille francs par mois.

Tout cela, c'est autant de pris sur le théâtre.

LES FRAIS DES THÉÂTRES

Donc, pendant que le café-concert se remplit, le théâtre voit diminuer sa clientèle.

En même temps, il se ruine par le fait des frais énormes qu'il doit supporter. Les frais? Quels sont ces frais.

Il est intéressant de les connaître.

N'est-il point curieux, par exemple, de savoir ce que l'Académie nationale de musique, qui, il est vrai, se doit à elle-même de monter dignement les ouvrages qu'elle présente au public, dépense pour un opéra nouveau?

Nous allons essayer de le découvrir.

CE QUE COÛTE UN OPÉRA

Comme exemple, nous choisissons *Salammbô*, de M. Ernest Reyer, l'une des œuvres les plus considérables que l'Opéra ait représentées dans ces dernières années, et dont le légitime succès dure encore.

En établissant les frais qu'occasionne *Salammbô*, nous saurons ce qu'un grand ouvrage nouveau coûte, d'une façon approximative, à l'Académie nationale de musique.

Les décors. — Il fallut établir pour *Salammbô* huit décors : au premier acte, les jardins d'Hamilcar et le festin des mercenaires, signés Carpezat; au deuxième acte, l'enceinte sacrée du temple de Tanit, signée Rubé et Chaperon; au troisième acte, premier tableau, le temple de Moloch et la terrasse de

Salammbô, signés Amable et Gardy ; au quatrième acte, le camp des mercenaires, la tente de Mathô, le champ de bataille, signés Amable et Gardy ; au cinquième acte, les noces de Salammbô, avec le grand escalier montant vers le temple, signées Carpezat.

Ces huit décors, construction et peinture, ont coûté exactement la somme de 86,794 fr. 96.

Frais d'établissement. — Nous réunissons sous ce titre quelques frais annexes comme ceux-ci :

Les copies de musique et l'achat de matériel musical coûtèrent 10,100 francs.

Ce qu'on appelle les « frais d'études » se sont élevés à 7,500 francs. Les « études de figuration » montent au chiffre de 2,000 francs.

Salammbô a exigé, par représentation, un certain nombre de frais supplémentaires, que nous ne compterons pas tous dans le total des frais d'établissement, mais que nous publions cependant ici à titre de curiosité :

Pour l'orchestre, on a dû avoir, chaque fois, en plus, une flûte (10 francs), une clarinette (10 francs), un basson (10 francs), un hautbois (10 francs), un saxophone (15 francs), soit 55 francs au total.

La musique de scène est exécutée par 26 artistes, à qui l'on donne 228 francs.

On engagea 32 choristes supplémentaires, recevant à chaque représentation 5 francs, soit au total 160 francs.

On engagea aussi 18 dames figurantes de plus, qui recevaient 2 francs, soit 36 francs, et 12 élèves figurants, garçons et filles, à 2 francs, soit 24 francs. Le service de la projection électrique coûte par représentation 176 francs.

D'une façon générale, fut allouée supplémentairement au personnel une somme de 20,500 francs. Il fut donné également aux machinistes, pour divers travaux, une somme de 9,900 francs.

On voit combien le chiffre que nous avons donné plus haut pour les décors est déjà grossi. Il l'est davantage par les dépenses qu'ont exigées les costumes.

MADAME ROSE CARON
dans le rôle de Salammbô, à l'Opéra.
(D'après photographie Benque.)

Les costumes. — Il fallut exactement 595 costumes d'hommes et 259 costumes de femmes, soit, au total, 854 costumes. Pas un de plus, pas un de moins.

Voici le détail de ces 852 costumes :

Sujets. — Pour Salammbô (Mme Rose Caron) 4 costumes, plus un manteau sombre; pour Taanach, 1 costume; pour Mathô, 3; pour Hamilcar, 3; pour Narr-Havas, 2; pour le grand-prêtre Shahabarim, 1; pour Giscon, 1; pour Spendius, 2; pour Autharite, 1; pour le grand-prêtre de Moloch, 1; le grand-prêtre de Khamon, 1; le grand-prêtre de Melkarth, 1; le grand-prêtre d'Eschmoun, 1.

Voilà pour les premiers sujets.

Passons aux chœurs et aux comparses. Nous trouvons, en prenant à peu près la succession des actes :

13 Libyens, 6 Syriens, 14 Grecs, 11 Égyptiens, 14 Gaulois, 6 Italiotes, 8 Spartiates, 38 Numides, 50 prêtres de Tanit, 30 initiés, 28 prêtresses de Tanit, 24 initiées, 12 nègres,

8 esclaves prisonniers, 12 esclaves servants, 9 Cariens, 9 Lusitaniens, 13 soldats de la légion sacrée, 10 esclaves porteurs de Giscon et de Salammbô, 6 Lacédémoniens;

26 anciens de Carthage, 5 généraux, 5 gouverneurs, 4 capitaines;

4 esclaves de Salammbô, 4 négresses avec harpes;

55 vieillards du peuple, 40 femmes du peuple, 12 enfants du peuple, 13 soldats carthaginois, 10 prêtres de Moloch (rouge), 11 prêtres d'Eschmoun (jaune soleil), 10 prêtres de Khamon (noir rouge), 11 prêtres de Melkarth (violet), 4 prêtres de Cérès (bleu), 6 prêtres de Patœques (fauve), 2 chefs numides à cheval, 7 officiers carthaginois, 4 trompettes, 34 soldats carthaginois musiciens, 31 soldats carthaginois, 4 gardes de Salammbô.

Ballet. — Pour le ballet, on fit les costumes de 24 courtisanes sacrées (la nomenclature porte « costumes très voluptueux »), 14 prêtresses d'Eschmoun, 8 prêtresses de Moloch,

14 prêtresses de Melkarth, 14 prêtresses de Khamon, 8 prêtresses de Cérès, 2 enfants esclaves nègres (riche), 24 esclaves de Salammbô, 12 ribaudes, 8 ribaudes sujets, 4 mercenaires sujets.

1 mercenaire (Mlle Torri), 1 ribaude (Mlle Hirsch).

Un détail, en passant. Veut-on savoir combien, en dehors des artistes premiers sujets, il y avait de personnes en scène au huitième tableau, au moment de la marche des noces de Salammbô? 187, se décomposant en : gardes, prêtres, prêtresses, nobles, Numides, officiers, capitaines, soldats de la légion sacrée, hommes, soldats, porteurs de palanquin, esclaves, etc., etc.

Somme toute, pour *Salammbô*, il a été dépensé pour l'achat de la matière première et la confection des costumes : 133,274 fr. 65.

Les accessoires. — La dépense, ici, fut peu élevée : quelques billets de mille francs.

Si nous en parlons, c'est pour donner la

liste de tous les objets que le régisseur a dû réunir. Elle est vraiment amusante en quelques-uns de ses détails.

Premier acte. — 8 torches pour comparses, 1 bâton de commandement en ivoire pour Giscon, 40 coupes, 1 os pour taper sur un bouclier, 5 grands et 10 petits plateaux, 10 coussins, 5 grandes tables avec tapis écarlates, 5 grands bancs, 20 escabeaux en ébène et 7 en ivoire, de la vaisselle en ambre et en métal pour garnir les cinq tables, 10 cratères avec du vin, viande sur les plateaux, gigots (paons avec leurs plumes), fruits, gâteaux de miel, etc., 4 langoustes sur un grand plateau, 1 vase de porphyre avec du pétrole, 14 lyres pour les prêtresses, 1 char pour Salammbô.

Deuxième acte. — 1 divinité Tanit, 1 autel où brûlent des parfums, 1 vase avec du lycopode et 1 cuiller « dedans », 4 flambeaux pour « messieurs des chœurs », le zaïmph, 15 haches pour les prêtres, 15 glaives, 10 lances.

Troisième acte. — 12 bâtons aux anciens,

en corne, 5 tiges en bronze sur trois griffes supportant un flambeau, des tablettes pour Giscon, 12 poignards aux anciens. — 4 harpes pour les négresses, 1 fauteuil-lit pour Salammbô, 1 coffre à clous, avec des diamants dedans, la toilette de Salammbô (parures d'or pâle et de perles, broderies, etc.), 1 miroir porté par deux esclaves, 1 bâton à Schahabarim.

Quatrième acte. — 1 cheval et un éléphant morts, 15 cadavres (les cadavres n'étaient point neufs : ce sont ceux du *Mage* qui ont servi de nouveau), 1 lit dans la tente, tableaux, escabeaux, des dés et des cornets, 1 trophée d'armes, 1 peau de lion, 1 bouclier, 1 glaive, 4 croix de bois pour dresser dans le décor, des chaînes pour Mathô.

Cinquième acte. — Les accessoires du ballet, d'abord : 14 branches de corail, 14 fleurs de soleil, 14 étoiles, 8 torches, 8 flûtes, 8 lyres, etc.

6 trophées portés par des officiers, 6 grands bâtons avec étoile, 1 grand bâton avec un

œuf transparent, 4 cruches avec de l'huile bouillante, des bâtons, des fers rouges, des fers, des glaives, des lances, 4 coiffures vases avec feu et encens pour les prêtres, 1 glaive à Schahabarim pour le sacrifice, 1 autel de bronze, 57 palmes aux choristes, 48 aux comparses, des lyres, des flûtes, 1 palanquin pour Salammbô et Hamilcar, 4 fouets pour comparses, et enfin 4 grands éventails de plumes de paon pour négresses.

Au total, décors, frais d'établissement, costumes, accessoires, l'œuvre de M. Reyer a coûté, en chiffres ronds, la somme de 275,000 *francs*.

L'Africaine avait coûté près de 300,000 fr.; pour le vaisseau seul on dépensa 95,000 francs.

Sous la direction Ritt et Gaillard, *le Mage* coûta 215,000 francs. En voici le décompte : construction des décors, 44,000 francs; peinture des décors, 54,000 francs; costumes, 76,000 francs; accessoires, 8,000 francs; copie de musique, 8,000 francs; armures et bijoux, 18,000 francs ; chaussures, 1,400 fr. ; bonneterie, 4,600 francs ; plumes et fleurs, 1,300 francs.

En somme, à l'Académie nationale de musique, telle qu'elle existe, telle que nous la concevons, telle que nous voulons et telle qu'il faut qu'elle soit, il n'est guère possible de descendre, comme frais, au-dessous des chiffres que nous avons publiés.

Mais ce que l'on peut rechercher, c'est si l'on ne peut pas faire autre chose, autrement, ailleurs.

LA MISE EN SCÈNE EN ITALIE

En Italie, par exemple, où l'on représente beaucoup plus d'opéras nouveaux qu'à Paris, comment fait-on ? Nous avons posé la question à M. Giulio Ricordi, l'éditeur fameux, qui monta les ouvrages de Verdi et de tant d'autres compositeurs. Il nous a répondu par une longue lettre en français, fort intéressante et que nous reproduisons textuellement :

« Monsieur,

« Je crois avoir compris que vous trouvez dangereux pour les théâtres de Paris ce grand luxe de mise en scène qui occasionne des dépenses énormes et immobilise de grands capitaux, lesquels pourraient être dépensés plus utilement en faveur de l'art. Si telle est votre idée, je la partage complètement. Toutefois, je crois difficile d'établir une comparaison entre les théâtres français et les théâtres d'Italie, surtout pour les scènes subventionnées.

« Vos grands théâtres sont de véritables monuments artistiques, qui restent ouverts presque toute l'année et qui se basent surtout sur le répertoire ; cela les oblige donc à se fournir de décors, de costumes, d'accessoires très soignés, pour qu'ils puissent durer le temps nécessaire.

« En Italie, tout est basé sur les saisons, lesquelles durent d'un mois à quatre mois et demi au maximum. Il n'y a pas de répertoire fixe, et même les ouvrages à grand succès sont très rarement donnés deux saisons de suite. Pour cela donc, décors, costumes, accessoires, tout est provisoire : il suffit qu'ils remplissent la durée d'une saison.

Cela explique le bon marché relatif de nos mises en scène. Les directeurs de théâtre n'achètent jamais ce qui est nécessaire pour la mise en scène soit d'un opéra, soit d'un ballet ; il y a des fournisseurs qui donnent tout à terme et à forfait. Il y a des prix fixés d'avance, qui varient naturellement suivant l'importance du théâtre et du spectacle.

« Ce système a du bon et du mauvais. Du mauvais, car les fournisseurs tâchent de gagner le plus possible avec des économies ; du bon, car les directeurs connaissent d'avance et d'une manière certaine la dépense qu'ils vont faire pour leurs spectacles.

« Il y a du bon aussi du côté artistique, par cette raison qu'une reprise d'un ouvrage, après deux ou trois années, est présentée au public avec des décors et des costumes encore neufs comme la première fois. Un public italien ne permet pas qu'une reprise soit donnée avec les costumes et les décors de la première mise en scène — et cela est possible, vu que les dépenses ne sont pas exagérées. Par contre, ce qui est exagéré, ce sont les cachets que l'on a la mauvaise habitude de payer à MM. et Mmes... les chanteurs et chanteuses italiens !

« En prenant comme exemple un grand théâtre comme la Scala, vous trouvez toujours le même système de fermage ; mais le théâtre étant subventionné par la ville, il existe une commission artistique avec pleins pouvoirs pour interdire un spectacle dans le cas où la mise en scène ne serait pas convenable.

« Je peux indiquer à peu peu près les dépenses d'une mise en scène d'*Othello*. La direction peut, du reste, donner cet ouvrage, pendant toute la durée de la saison, quinze, vingt, trente fois : le prix est toujours le même.

« Les costumes pour les premiers rôles, pour les chœurs (100), pour les coryphées et comparses (100) sont donnés en location pour une somme de 8,000 francs.

« Les accessoires (meubles, armures, drapeaux, etc.), pour une somme de 2,000 francs.

« Pour les décors, le théâtre a presque toujours la toile nécessaire ; on paye seulement le brossage, qui coûte en moyenne 450 francs par décor.

« Les ouvrages de menuiserie peuvent coûter de 2 à 3,000 francs. Vous avez donc une dépense d'à peu près 15,000 francs, mettons 20,000 pour être large dans le devis, et toute la mise en scène peut être prête en vingt jours.

« De cette manière, pendant la durée d'une saison de quatre mois, on peut monter trois ou quatre ouvrages tout à fait nouveaux sans risquer des sommes fabuleuses. Cela vous explique aussi, monsieur, la facilité avec laquelle on donne tant d'opéras nouveaux en Italie, ce qui nous couvre un peu de ridicule aux yeux des étrangers, mais ce qui pourtant ne déplairait pas... aux prix de Rome qui attendent pendant des années le bon plaisir de MM. les directeurs. Chez nous, cette facilité est une excellente soupape pour nos nombreux compositeurs, qui poussent comme des champignons et qui, presque toujours, sont les boulets des éditeurs.

« Je serai charmé, monsieur, si j'ai réussi à vous fournir quelques détails utiles. Dans tous les cas, veuillez au moins tenir compte de ma bonne volonté.

« GIULIO RICORDI. »

THÉATRE LYRIQUE OU OPÉRA POPULAIRE ?

Eh bien ! donc, ne serait-il point possible d'organiser définitivement à Paris une scène accessible aux bourses moyennes et aux petites bourses, où le spectateur entendrait de la bonne musique, dans des conditions d'exécution satisfaisantes ?

Beaucoup de tentatives dans ce sens ont été faites ; presque toutes ont rapidement avorté. Il serait trop long d'énumérer les causes de ces insuccès. Il vaut mieux tâcher de trouver le remède au mal. Or le mal existe.

Nous avons consulté sur cette question beaucoup de personnes compétentes, beaucoup d'anciens directeurs de théâtres lyriques ou opéras populaires, M. Albert Vizentini notamment, dont on se rappelle les sérieux efforts faits au théâtre de la Gaîté ; c'est à l'aide des renseignements qu'ils nous ont fournis que nous allons tâcher de donner quelques conclusions sur une question depuis si longtemps débattue.

Il est entendu qu'aujourd'hui ni l'Opéra ni l'Opéra-Comique ne peuvent être soit le Théâtre lyrique soit l'Opéra populaire désirés. Ce sont deux théâtres-musées, si on peut ainsi parler, qui coûtent cher, qui sont ouverts seulement aux maîtres et aux gloires consacrés. Laissons-les à leur rôle et à leur place.

Mais on est en droit de se demander à quoi peut servir le Conservatoire de musique, s'il n'y a pas une troisième scène où les auteurs débutants pourront se faire connaître. Pourquoi apprendre officiellement à des jeunes gens un art qu'ils ne peuvent exercer ? Comment s'étonner ensuite que quelques-uns se dirigent uniquement vers l'opérette, voire vers le café-concert ?

Il y a aussi un point auquel il faut prêter une grande attention. En réalité, le goût musical du petit bourgeois, du populaire est loin de s'améliorer. Autant, de 1870 à 1880 — si on peut prendre des dates fixes pour ces choses si complexes et si délicates — il s'épurait, autant, depuis cette époque, il se perd de nouveau. La preuve en est dans l'affluence de plus en plus grande que nous avons signalée dans les cafés-concerts ; la preuve en est aussi dans la diminution des recettes aux petites places des théâtres de musique.

Le petit bourgeois et l'homme du peuple ne vont pas dans les grands théâtres de musique parce que les places y sont trop chères et parce qu'on n'y joue que rarement des œuvres qui soient à leur portée, qui les intéressent. Où vont-ils? Ils vont soit à la brasserie, où ils absorbent des bocks, en écoutant des valses de Strauss, Métra ou Farbach, ou bien au Café-Concert, où les refrains des gigolos ne semblent pas faits pour élever l'âme et purifier le goût.

On nous dit : « Ces hommes ont, s'ils le veulent, les concerts d'hiver du dimanche, où il y a des places à bon marché. » Sans doute. Mais est-il sûr qu'aujourd'hui les concerts que dirigent avec tant de talent MM. Charles Lamoureux et Colonne soient bien ce qu'il faut pour le but que nous voulons atteindre? Ne sont-ils pas devenus, ces deux concerts dont nous parlons, deux églises, deux chapelles d'un rite bien distinct et où les seuls initiés officient? Oui, autrefois, il y avait un concert populaire du dimanche : c'était le concert Pasdeloup. Il était dans un quartier bien populaire, il avait des prix très bas. Et il faisait vraiment connaître aux petits bourgeois et au peuple, qui remplissaient le cirque jusqu'aux combles, les sublimes beautés des œuvres classiques, de même qu'il leur faisait apprécier les meilleures pages de la jeune école française.

La disposition d'un concert hebdomadaire de ce genre a une influence directe sur l'avenir du théâtre. En effet, nul ne nie la difficulté qu'il y a pour des oreilles peu exercées à comprendre la musique moderne à la première audition. Le concert Pasdeloup était une école musicale de premier ordre. Elle a disparu. Il serait peut-être utile de la faire renaître. M. d'Harcourt s'y emploie. Mais, lui aussi, ne devient-il pas trop recherché ?

En Allemagne, chaque ville a ses deux

ou trois concerts Pasdeloup, du soir; les familles vont y souper tranquillement, les femmes causent tandis que les hommes lisent : pendant ce temps, un excellent orchestre exécute les morceaux des maîtres qui s'appellent Mozart, Beethoven, Mendelssohn, Bach, etc. Un public se forme ainsi pour goûter la vraie et belle musique, beucoup mieux certainement qu'à écouter le *Pneu'-conjugal* ou *Allume! allume!* la dernière chanson à la mode, ou le *P'tit bleu, eu, eu,* ou le *P'tit vin de Bordeaux, ô, ô...*

En attendant que ces mœurs se transforment — ce qui, sans doute, n'arrivera jamais — il n'est pas interdit de réagir contre la tendance actuelle, et c'est pour cela que nous croyons à la nécessité de créer une troisième scène de musique.

Cette troisième scène de musique doit-elle être un « Théâtre lyrique » ou un « Opéra populaire » ?

Elle ne doit être ni exclusivement un « Théâtre lyrique » ni exclusivement un

« Opéra populaire ». Elle doit être les deux choses à la fois.

Car, si, comme Opéra populaire, vous ne jouez que des œuvres connues, vous ne rendez aucun service aux jeunes auteurs ; si, comme Théâtre lyrique, vous ne jouez que les jeunes gens, il n'y a pas à se le dissimuler, vous ne faites que de médiocres recettes.

Il faut donc jouer alternativement et les œuvres connues et les œuvres nouvelles.

Ce que nous voulons, en un mot, c'est un théâtre représentant et des opéras consacrés et des opéras inconnus, et cela avec une exécution suffisamment convenable, avec une mise en scène restreinte, et surtout des prix aussi modérés que possible. Cela peut-il se faire ?

Oui, à certaines conditions.

LE RÉPERTOIRE

Il faut d'abord que le troisième théâtre de musique que nous voudrions voir s'établir s'appuie sur un « répertoire ».

Quel pourrait être ce répertoire? Ici, s'élève une première difficulté.

Il est évident que l'Opéra et l'Opéra-Comique ne céderont point de gaieté de cœur les ouvrages de premier ordre dont ils ont la possession, par traité, pour tant ou tant d'années. Les éditeurs de musique, qui sont les représentants des intérêts de la plupart des auteurs, ne se montreraient pas plus larges. On ne saurait vraiment leur en vouloir. Il ne faut donc point songer à emporter au troisième théâtre de musique *les Huguenots*, *l'Africaine*, *le Prophète*, *Guillaume Tell*, *la Juive* et quelques autres opéras du même ordre (il n'y en a pas tant), pas plus que *le Pré aux Clercs*, *Mignon*, *la Dame blanche*, *Carmen* (il n'y en a pas tant non plus).

Mais il est une quantité d'ouvrages que l'on n'entend plus jamais à Paris, que les provinciaux, plus heureux que nous, entendent quelquefois et qui pourraient constituer à bref délai un répertoire considérable pour le troisième théâtre de musique que nous rêvons. Les éditeurs de musique, ayant affaire à une direction sérieuse, se montreraient plus conciliants certainement. Aussi bien, il est de ces œuvres qui sont complètement dans le domaine public.

Voici, de mémoire, quelques-unes de ces œuvres délaissées ou dédaignées par nos deux théâtres de musique subventionnés?

Les Deux Avares, Zémire et Azor (Grétry).
Joseph (Méhul).
Les Deux Journées (Cherubini).
Cendrillon, Jeannot et Colin (Nicolo).
Orphée, Armide (Gluck).
La Vestale, Fernand Cortez (Spontini).
Marie, les Rosières (Hérold).
Fidelio (Beethoven).
L'Enlèvement au sérail (Mozart).
Le Mariage secret (Cimarosa).
Le Calife de Bagdad, les Deux Nuits, la Fête du village voisin (Boïeldieu).
La Pie voleuse, Moïse, le Comte Ory (Rossini).
Euryanthe, Oberon (Weber).
Masaniello (Carafa).
L'Ambassadrice, les Diamants, la Sirène, le Cheval de bronze, la Part du Diable, le Premier Jour de bonheur, le Dieu et la Bayadère, le Philtre (Auber).

L'Eclair, Charles VI, Guido et Ginevra, la Reine de Chypre (Halévy).

Les Martyrs, Don Pasquale, les Puritains (Donizetti).

Norma (Bellini).

Si j'étais roi! le Bijou perdu, Giralda, le Postillon (Ad. Adam).

Gilles le Ravisseur, les Porcherons (Grisar).

La Fanchonnette (Clapisson).

Jérusalem, le Trouvère, Don Carlos (Verdi).

Le Songe d'une nuit d'été (Ambroise Thomas).

La Perle du Brésil (Félicien David).

Les Saisons, la Reine Topaze, Paul et Virginie (Victor Massé).

Lara (Maillart).

Quentin Durward (Gevaert).

La Statue (Reyer).

La Déesse et le Berger (Duprato).

Hérodiade, Don César de Bazan (Massenet).

Le Timbre d'argent, Etienne Marcel (Saint-Saëns).

Cinq-Mars, Polyeucte (Gounod).

Etc., etc.

Notre excellent et érudit confrère M. Pougin, ayant lu cette nomenclature, nous signalait encore les ouvrages suivants :

Gluck : *Alceste, Iphigénie en Aulide, Iphigénie en Tauride.*

Sacchini : *Œdipe à Colone.*

Grétry : *l'Amant jaloux, le Tableau parlant, l'Epreuve villageoise, l'Ami de la maison, la Fausse Magie, Colinette à la Cour.*

Boïeldieu : *Ma Tante Aurore, les Voitures versées, le Petit Chaperon rouge.*

Devienne : *Les Visitandines, les Comédiens ambulants.*

Monsigny : *Félix, le Roi et le Fermier.*

Martini : *l'Amoureux de quinze ans, Annette et Lubin.*

Dézèdes : *Blaise et Babet, les Trois Fermiers.*

Dalayrac : *Camille ou le Souterrain, Adolphe et Clara, Maison à vendre, Une Heure de mariage, Nina ou la Folle par amour.*

Méhul : *Stratonice, Ariodane, l'Irato, Valentine de Milan.*

Cherubini : *Médée.*

Steibelt : *Roméo et Juliette.*

Della Maria : *le Prisonnier.*

Gaveaux : *Monsieur Deschalumeaux, le Bouffe et le Tailleur.*

Solié : *le Diable à quatre.*

Nicolo : *les Confidences, Joconde, le Billet de loterie.*

Catel : *les Aubergistes de qualité.*

Berton : *Aline, reine de Golconde.*

Rossini : *le Siège de Corinthe, la Dame du lac, Sémiramis, Tancrède, l'Italienne à Alger.*

Hérold : *la Clochette, le Muletier, l'Illusion.*

Auber : *le Lac des Fées, Gustave III, le Concert à la cour, Actéon, la Neige, Lestocq, Fiorella, la Fiancée, le Maçon, le Serment.*

Ad. Adam : *le Roi d'Yvetot, la Reine d'un jour, le Brasseur de Preston, la Poupée de Nuremberg.*

Halévy : *le Juif errant, Jaguarita l'Indienne, la Fée aux roses.*

Bellini : *la Somnambule, les Puritains.*

Ambroise Thomas : *le Panier fleuri, le Perruquier de la Régence, Gille et Gillotin, la Double Echelle.*

Reber : *le Père Gaillard, les Papillotes de M. Benoist.*

Hippolyte Monpou : *les Deux Reines.*

Grisar : *les Travestissements, l'Eau merveilleuse, Bonsoir, monsieur Pantalon, le Chien du Jardinier.*

Félicien David : *Herculanum.*

Clapisson : *la Promise.*

Victor Massé : *la Chanteuse voilée, la Fée Carabosse.*

Gevaert : *le Billet de Marguerite.*

Boulanger : *le Diable à l'Ecole, les Sabots de la Marquise.*

Semet : *la Petite Fadette, Gil Blas, les Nuits d'Espagne.*

Duprato : *les Trovatelles.*

Guiraud : *Piccolino.*

Léo Delibes : *Maître Griffard, le Jardinier et son seigneur.*

F. Poise : *Bonsoir Voisin, les Charmeurs.*

Paladilhe : *Suzanne, le Passant*, etc., etc.

M. Arthur Pougin nous écrivait :

« Quand je vois qu'en 1827 (je prends une date au hasard), alors que Paris avait 900,000 habitants, l'Opéra donnait treize actes nouveaux, opéra ou ballet, et que l'Opéra-Comique en donnait vingt-deux de son côté, tandis qu'aujourd'hui, ce même Paris comptant près de trois millions d'habitants, ces deux mêmes théâtres ne parviennent pas à représenter chaque année vingt actes à eux deux, je dis que le public est bien sevré de musique, que nos pauvres compositeurs sont bien malheureux et qu'il se ferait temps de venir en aide à tous par la création de la troisième scène musicale que vous avez grand'raison de réclamer. »

ORGANISATION FINANCIÈRE

Il ne s'agit point seulement, pour le troisième théâtre musical dont nous parlons, d'avoir un répertoire. Il faut pour que cette tentative ne soit pas éphémère, qu'elle réunisse un certain nombre de conditions indispensables.

Nous allons énumérer celles qui nous paraissent être les principales.

La salle devra être assez vaste. Les prix devant être très modérés et, dans certaines places, très bas, il est de toute nécessité que la quantité remplace la qualité. Autant que possible, on devra s'installer dans une salle déjà existante : le public apprend difficilement un nouveau chemin ; il se dirigera plus facilement vers un théâtre où il avait coutume d'aller auparavant. De plus, à prendre un théâtre construit et équipé, il y aura cet avantage que l'on y trouvera un fonds de matériel pouvant être utilisé.

Comme organisation financière, à défaut d'un directeur unique propriétaire, la meilleure combinaison consisterait dans la constitution d'une société qui confierait la direction à un directeur-gérant appointé, ayant fait ses preuves d'activité, et d'une compétence reconnue. Il ne pourrait agir que d'après des budgets approuvés en conseil.

Il y a bien dans ce système, qui n'est pas loin de ressembler à la commandite directe, un inconvénient : les commanditaires sont souvent un danger pour un théâtre. Qui n'a dans la mémoire ce qui se passa à l'Opéra sous des directions que nous ne nommerons pas? MM. X... étaient commanditaires, de très gros commanditaires; mais ils imposaient à la direction soit une chanteuse coûtant 90,000 francs, soit une danseuse qui en coûtait 50,000, et ni l'une ni l'autre ne rendaient les services qu'on était en droit d'attendre. Une année, la danseuse si appointée dansa deux fois : comme ses appointements étaient de 50,000 francs, cela revient à dire qu'elle toucha 25,000 francs pour chacune de ses représentations...

Le nouveau théâtre aurait besoin aussi de l'appui moral des trois ou quatre grandes maisons d'édition de musique. Nous sommes sûr qu'elles ne le lui refuseraient pas. Elles ont tout à gagner à la vitalité, à la durée d'un tel théâtre. Et, si elles s'entendaient, si elles avaient le sens exact de leurs intérêts et des intérêts de l'art, si elles étaient plus vivantes, moins routinières, il y a longtemps que ce troisième théâtre existerait et continuerait d'exister.

Faudrait-il une subvention? La question est controversable. La subvention a son bon et son mauvais côté. Son bon côté, parce qu'elle assure des ressources utiles (et il nous semble que la ville de Paris, qui, dans le temps, subventionnait l'Opéra, pourrait, sous une forme ou sous une autre, subventionner un théâtre qui s'adresserait *directement* à ses habitants). Mais le mauvais côté de la subvention est le suivant : elle comporte un cahier des charges, qui entraîne toutes sortes de difficultés. Une subvention sans cahier des charges, voilà l'idéal. Qu'arrive-t-il aujourd'hui dans les théâtres subventionnés? Ils ne sont point libres de leurs mouvements. Ils sont gênés. Et puis, à quelle coupe réglée les soumet l'administration pour les places et les billets! Il y a au ministère un registre où l'on inscrit, chaque jour, les titulaires des loges et fauteuils que les théâtres subventionnés sont tenus d'envoyer au ministre... Si on par-

courait la liste de ces titulaires, on verrait
que ce sont toutes personnes qui ont le moyen,
et amplement, de payer leurs places. Ces personnes s'habituent à ne plus jamais payer au
théâtre. Voilà un abus à supprimer. Comment
veut-on que les théâtres marchent? Il n'y a
plus que les personnes qui ne peuvent point
payer qui payent, et celles-là, trouvant le
théâtre trop cher, vont au café-concert; celles
qui pourraient payer, ne veulent point payer.
Elles croiraient se déshonorer. C'est un dilemme dont on ne sortira pas.

Enfin, propriétaires ou actionnaires du
nouveau théâtre devraient faire le sacrifice
absolue d'une somme à déterminer pour les
salaires du personnel pendant les deux mois
de répétitions préparatoires et pour le matériel des quatre premiers ouvrages du répertoire : ce sont les frais de premier établissement. Ces frais existent dans toute autre
industrie. Ce qui a toujours grevé et tué les
tentatives de ce genre, c'est qu'elles ont commencé avec un gros déficit acquis et des res-

sources presque absorbées. La perte sèche avant l'ouverture et l'impossibilité de varier le répertoire dès le début, voilà les dangers. S'ils sont écartés, l'affaire est viable, et le troisième théâtre musical est fait définitivement.

LES DÉPENSES ET LA TROUPE

Il s'agit aussi d'établir, en nous basant sur des renseignements puisés à bonne source, le compte approximatif des dépenses que pourrait occasionner le troisième théâtre de musique, qui sera, nous l'avons dit, un théâtre bon marché, un théâtre populaire. Nous réduisons donc les chiffres au strict minimum.

	Fr.
Loyer par an	100.000
Assurances	13.000
Impôts et patente	7.500
Menues dépenses locatives, entretien, plomberie, etc.	3.600
Entretien de la salle	1.500
Chauffage	8.000
Eaux et vidange	600

L'éclairage ne peut revenir à moins de 100 francs par représentation.

Passons aux dépenses du personnel.

Les chœurs pourraient se composer de 16 dames et 18 hommes.

	Fr.
9 hommes à 100 francs	900
9 hommes à 90 francs	810
8 dames à 100 francs	800
8 dames à 90 francs	720
Un chef de chœurs	160
Un pianiste	150
Par mois	3.540

L'orchestre, à deux chefs, doit comprendre 9 premiers violons, 7 deuxièmes violons, 5 altos, 5 violoncelles, 6 contre-basses, 3 flûtes, 3 hautbois, 3 clarinettes, 3 bassons, 6 cors, 3 pistons, 4 trombones, 3 batteries, 1 harpe.

Soit en tout 61 artistes, ce qui permet, avec le roulement des congés, d'en avoir toujours 48 devant les pupitres.

La dépense totale que l'orchestre occasionne peut s'élever, en comptant les frais d'instruments et d'entretien, à 8,075 francs par mois.

Le contrôle coûte 1,000 francs par mois. Il faut compter en outre 1,400 francs pour un certain nombre d'employés et 3,000 francs pour les appointements de l'administrateur, des régisseurs, etc.

Pour la figuration, 30 francs par jour sont un minimum.

La question la plus délicate sans contredit est celle des artistes. Étant donnés les prix excessifs qu'on leur octroie, voici quelle pourrait être la composition de la troupe et ce qu'elle coûterait par mois :

	Fr.
Fort ténor	4.500
1ᵉʳ ténor léger	4.000
2 autres 1ᵉʳˢ ténors à 2,000 fr.	4.000
2 seconds ténors à 1,000 fr.	2.000
2 coryphées à 300 fr.	600
Trial et laruette à 600 fr.	1.200
2 1ᵉʳˢ barytons à 3,000 fr.	6.000
1 second baryton	1.500
A reporter	23.800

	Fr.
Report............	23.800
2 1ʳᵉˢ basses : 1 à 1,500 fr. et 1 à 1,000 fr......................	2.500
1 seconde basse................	500
2 coryphées à 200 fr............	400
Une falcon....................	3.000
Chanteuse légère..............	3.500
Contralto.....................	2.500
2ᵉ chanteuse légère............	600
2 dugazons à 1000 et 800 fr......	1.800
2 secondes dugazons : 1 à 600 fr. et 1 à 400 fr....................	1.000
2 coryphées à 300 fr............	600
Total par mois........	40.200

Récapitulons :

	Fr.
Troupe...................	40.200
Administration	3.000
Employés.................	1.400
Contrôle..................	1.000
Orchestre.................	8.075
Chœurs...................	3.540
Figurants (somme arrondie).	1.000
Frais locatifs..............	11.200 (sur 12 mois).
Par mois............	69.415

Donc, par jour, on a 2,313 fr. 80, auxquels il faut ajouter les frais d'éclairage, 100 francs, et les affiches, revenant à 53 francs, soit un total définitif de 2,466 fr. 80 de frais quotidiens.

Nous ne parlons ni des frais de publicité ni des droits d'auteur et des pauvres, qui viennent grever encore la somme indiquée.

RÉCAPITULATION

Nous avons dit qu'il était utile de sacrifier une certaine somme en « frais d'établissement ». Cette somme sera plus ou moins grande, selon que dureront plus ou moins longtemps les études préparatoires des trois ouvrages qui, selon nous, doivent être prêts avant l'ouverture. Pour ces études il faut compter deux mois pour le loyer (assurances, faux frais, impôts), et pour les chœurs et le pianiste, un mois pour l'orchestre, les machinistes, les employés, un demi-mois pour les artistes et l'administration. Nous ne craignons pas de dire que la réussite de la tentative dépend du sacrifice complet de ces frais de premier établissement, qui, de cette façon, ne pèseront point sur l'entreprise.

On nous objectera que nous ne nous sommes peut-être pas montré très large pour les dépenses et que des déceptions attendraient celui qui aurait confiance dans ces chiffres. En admettant qu'ils doivent être un peu relevés, nous croyons que, tels qu'ils sont ou seraient, ils rendent possible l'installation du troisième théâtre de musique, *populaire et à bon marché,* que nous réclamons.

Il suffit de le loger dans une salle suffisamment ample, qui soit abondante en places, en petites places : une salle comme la Porte-Saint-Martin, comme l'Opéra-Comique actuel — qui déménagera dans un an — comme le Châtelet, comme la Gaîté remplirait les conditions voulues. Les recettes quotidiennes, si le public prenait le nouveau théâtre en affection, suffiraient certainement à payer les frais, et même à donner des bénéfices.

A partir du second mois, du second mois

seulement, la direction du troisième théâtre de musique pourrait donner une œuvre inédite, chose qui, si on le veut, pourrait être renouvelée tous les deux mois.

En dix-huit mois d'exploitation à la Gaîté, jadis, M. Albert Vizentini, qui semblait parti pour un voyage de longue durée, monta 29 ouvrages, dont 12 nouveaux, représentant un total de 64 actes.

Nous n'en demandons pas tant. Supposons seulement que 6 ouvrages nouveaux par an puissent être représentés : on peut mesurer par là ce que serait l'éclosion musicale due, au bout de dix ans, à un tel labeur. Ajoutez à cela la reconstitution du répertoire si varié, si intéressant dont nous avons donné une liste approximative et qui, lui aussi, finira par être inédit pour les Parisiens. Vraiment, le théâtre populaire, le théâtre bon marché qui arriverait à de semblables résultats, n'est-il pas le théâtre désirable, le théâtre nécessaire? Comment se fait-il qu'il n'existe point encore?

QUELQUES OPINIONS

Suivant notre habitude, notre petite enquête terminée nous consultons quelques personnes compétentes. Nous interrogeons deux directeurs, un éditeur, un compositeur.

Le premier directeur, M. Gailhard, nous répond :

« Oui, un troisième théâtre de musique pourrait rendre de grands services aux compositeurs et aux artistes et être en même temps fort agréable et fort utile pour le public.

« Où je diffère avec vous, c'est au sujet du calcul des frais. Moi aussi, lorsqu'il y a quelque temps, inoccupé, je songeais à fonder le troisième théâtre de musique en question, j'ai établi des devis : ils étaient sensiblement supérieurs à ceux que vous proposez. Croyez-vous, en particulier, que le public parisien se contenterait des décors en papier dont vous parlait M. Ricordi? Le spectateur parisien ne va pas seulement chercher au théâtre musical le plaisir de l'oreille : il lui faut le plaisir des yeux. Il veut un spectacle. L'art de la décoration est un art éminemment français. Nous avons des décorateurs qui réclament de 3 à 12 francs le mètre carré de peinture : nous n'avons pas de fabriques de papiers peints pour le théâtre. Donc, je crois qu'il faudrait s'attendre à un plus gros chiffre de frais que celui que vous avancez.

« Pour moi, je vois une solution. Il y a toujours un moment, n'est-ce pas? où dans les deux grands théâtres de musique actuels, une partie de la troupe est inoccupée.

« Eh bien, pourquoi ces éléments oisifs ne se réuniraient-ils pas pour former la troupe du troisième théâtre de musique? Ils iraient jouer dans un des quartiers populaires que vous avez indiqués le répertoire si riche des deux théâtres, dont vous avez raison de déplorer l'abandon. Comment ce répertoire ne serait-il pas négligé? On ne peut pas tout faire, ni à l'Opéra, ni à l'Opéra-Comique.

« Voici comment on pourrait arranger les choses : les deux subventions des deux théâtres de musique actuels seraient réunies. Cette somme suffirait pour assurer les ressources du troisième théâtre populaire que vous demandez, sous condition que la salle de ce troisième théâtre fût gratuitement fournie par la Ville ou l'État. On aurait ainsi une sorte de trilogie qui, marchant de pair, pourrait atteindre les résultats désirés : conserver l'éclat des représentations de l'Opéra et de l'Opéra-Comique, faciliter l'éclosion des talents nouveaux, maintenir le répertoire ancien et avoir, à côté des deux théâtres de luxe, un théâtre populaire à bon marché. »

Le directeur de l'Opéra-Comique, M. Carvalho, qui, en 1862, administra le Théâtre-Lyrique de la place du Châtelet, se rencontre dans ses conclusions au sujet de l'Opéra populaire avec M. Gailhard... Il nous dit en effet :

« Installer un troisième théâtre de musique, vivant de ses propres deniers et de ses ressources? C'est une œuvre que j'ai tentée. Elle est bien ardue, bien difficile.

« J'ai lu vos devis. Et je me suis rappelé ceux que j'avais établis moi-même. Voulez-vous que nous les comparions? J'arrivais pour la troupe à un total de 25,000 francs par mois; vous en demandez 40,000. Eh bien, je crois que, malgré la différence des deux totaux, vous seriez encore au-dessous de la vérité.

« Ah! vous avez bien raison de signaler le danger que les cafés-concerts font courir aux théâtres. Non seulement ils nous enlèvent notre public, mais ils nous prennent nos artistes. Dès qu'une jeune femme a un filet de voix, quelque sentiment de la musique, ne croyez pas qu'elle se condamne à quelques années de travail, que suivront peut-être quelques années d'appointements peu élevés... Non. Elle s'en va tout droit chez un agent de café-concert. On lui apprend trois ou quatre chansons. Et la voilà irrémédiablement perdue pour le théâtre !

« Dans votre devis, vous arrivez à 70,000 francs de frais par mois, soit 700,000 francs pour dix mois environ, sans parler du droit des indigents et du droit des auteurs... Tout compté, dans le projet de budget que j'avais élaboré en 1870 — et en y faisant figurer le droit des pauvres et le droit des auteurs, calculé sur une recette de 2,500 francs — j'arrive à un total de 718,000 francs pour douze mois. Je suis donc encore au-dessous des chiffres que vous avez établis avec une parfaite connaissance de la question... Et cela devrait vous donner raison.

« Eh bien, malgré tout, j'aurais peur. Fera-t-on, chaque jour, les 2,500 francs de recettes qu'il faut réaliser pour obtenir l'équilibre budgétaire qui est nécessaire ? Avec les prix si bas que vous désirez, — et fort justement — aura-t-on, tous les soirs, une salle pleine ? Il est si facile au théâtre de perdre 1,000 et 2,000 francs par jour.

« Je vois un moyen d'installer le troisième théâtre de musique que vous réclamez : c'est de faire en sorte qu'il dépende des deux autres. La salle étant fournie gratuitement par la ville de Paris, une diminution étant consentie sur les prix d'éclairage, le théâtre populaire pourrait être desservi, au point de vue des artistes, par ceux des deux autres théâtres qui seraient inoccupés. De plus, les œuvres pourraient être en déplacement d'un théâtre à l'autre... Les trois théâtres pourraient être administrés d'un commun accord par leurs trois directeurs. Tout litige serait soumis à une autorité supérieure, au directeur des beaux-arts, par exemple. »

M. Durand, l'éditeur de musique si distingué, nous écrit la lettre suivante :

« Cher monsieur,

« Vous voulez bien me demander mon avis sur le projet de création à Paris d'un théâtre lyrique ou Opéra populaire, projet que vous avez récemment exposé aux lecteurs du *Temps*.

« A première vue, il ne peut y avoir de doutes sur l'intérêt qu'il y aurait à posséder à Paris un théâtre où les jeunes auteurs ainsi que les chanteurs encore peu connus viendraient se présenter au public parisien avant d'aborder les deux grandes scènes subventionnées, qui, comme vous l'expliquez très bien, sont surchargées de frais de mise en scène et d'interprétation et ne peuvent ou n'osent risquer des essais avec des noms nouveaux.

« L'expérience, du reste, a été tentée et, au point de vue artistique, a parfaitement réussi. On peut affirmer que l'ancien Théâtre-Lyrique de M. Carvalho a été le modèle du genre. A côté des maîtres qu'il faisait revivre et connaître : Gluck, Mozart, Weber, etc., il y avait les jeunes et, entre tous, M. Gounod, dont les ouvrages créés boulevard du Temple ou place du Châtelet, *Faust*, *Roméo et Juliette*, *Mireille*, sont encore aujourd'hui un précieux appoint pour le répertoire de nos grandes scènes. Car, ne l'oublions pas, à cette époque déjà lointaine (trente ans), M. Gounod était un jeune, un avancé et, comme tel, quelque peu suspect aux directeurs subventionnés. Du reste, les essais tentés à l'Opéra avec *Sapho, la Nonne sanglante* et *la Reine de Saba* n'avaient pas été heureux, malgré le mérite relatif de ces ouvrages.

« C'est à l'ancien Théâtre-Lyrique que Bizet donna ses premiers opéras. C'est là aussi que Berlioz put faire jouer ses *Troyens*. Wagner lui-même y fit une timide apparition avec *Rienzi!* On ne peut passer sous silence les efforts de M. A. Vizentini à la Gaîté, mettant en lumière *Dimitri*, de M. Joncières, le *Timbre d'argent*, de M. Saint-Saëns, et *Paul et Virginie*, de Massé, dont l'énorme succès d'argent aurait dû assurer définitivement l'avenir de ce théâtre.

« Plus récemment, l'Éden ouvrait ses portes, trop tôt refermées, sur *Lohengrin* et

Samson et Dalila. Cette expérience, quoique courte, n'a pas été perdue pour l'Opéra, qui compte ces deux ouvrages parmi les plus brillants de son répertoire actuel. Hier encore, la *Phryné* de M. C. Saint-Saëns, que l'Opéra-Comique a si heureusement produite, était destinée au théâtre de la Renaissance, où l'on avait essayé de ressusciter le Théâtre-Lyrique.

« Ne rappelons que pour mémoire *Hérodiade*, *Sigurd*, *Salammbô*, créés à Bruxelles, *Étienne Marcel*, à Lyon, *Samson et Dalila*, à Weimar, *Werther*, à Vienne, tous ouvrages parfaitement classés et qu'un théâtre lyrique eût pu produire utilement au lieu de forcer les auteurs à s'expatrier pour entendre leurs œuvres.

« Un théâtre lyrique est donc absolument nécessaire à la production musicale. Il y a quelques jours, l'honorable rapporteur du budget des beaux-arts appelait sur cette question l'attention du Parlement dans des termes que l'on ne peut qu'approuver :

« Pourquoi ne pas créer un théâtre qui
« serait comme un théâtre d'épreuve, un
« théâtre-école, devant servir tout à la fois,
« d'une part, à procurer aux jeunes compo-
« siteurs des satisfactions légitimes et, d'autre
« part, à donner aux études théoriques du
« Conservatoire de musique un complément
« nécessaire propre à relever et à fortifier
« notre école de chant, un théâtre, en un
« mot, qui, pour nous servir des expressions
« mêmes de M. Gounod, serait un prolon-
« gement excellent et nécessaire de la pen-
« sion de Rome, l'accomplissement des obli-
« gations contractées par l'État envers le
« pensionnaire, la seule conclusion pratique
« de la pension ?

« Les ouvrages y seraient montés à très
« peu de frais : le drame lyrique s'y déroule-
« rait dans un cadre modeste ; l'interpréta-
« tion en serait, au besoin, confiée aux élèves
« sortant du Conservatoire, qui trouveraient
« ainsi les moyens d'acquérir, par les travaux
« de la scène, ce glorieux titre d'artiste

« contre lequel ne s'échange pas en vingt-
« quatre heures celui d'élève. L'entreprise
« ainsi dégagée de tout péril grave, pourrait
« dès lors être tentée sans hésitation. »

« C'est donner à votre projet une approbation des plus complètes.

« Donc, théoriquement, pas d'hésitation possible sur la nécessité d'une troisième scène lyrique.

« La grande difficulté est de la faire vivre artistement et matériellement.

« La question du répertoire est des plus délicates. Le jour de l'ouverture, il faudrait avoir cinq ou six ouvrages entièrement sus, car l'échec du premier opéra représenté peut compromettre l'entreprise si l'on n'a pas derrière soi des pièces prêtes à parer à un insuccès. Et c'est à cette préparation insuffisante que l'on doit l'échec de tentatives des plus intéressantes. Or, pour avoir plusieurs ouvrages prêts, il faut avoir répété longuement, c'est-à-dire avoir dépensé beaucoup sans rien récolter.

« Vous le comprenez bien en insistant sur cette question des frais préliminaires ; mais vous ne demandez que trois ouvrages sus d'avance. Selon moi, ce n'est pas assez. Le chiffre de cinq ouvrages me paraît indispensable pour donner au répertoire une certaine variété et pour pouvoir composer des spectacles doubles pour les matinées du dimanche, qui sont si bien entrées dans les habitudes du public parisien.

« Les éditeurs, n'en doutez pas, seraient très favorables à l'avènement d'un nouveau théâtre de musique. Généralement, le public n'achète que la musique qu'il entend chanter ou exécuter. C'est donc leur intérêt de voir se multiplier les scènes musicales tant à Paris qu'en province, et vous pouvez être assuré qu'ils patronneraient chaudement un théâtre lyrique doté d'une bonne troupe et d'un bon cadre de chœurs et d'orchestre.

« Parmi les ouvrages que vous citez, beaucoup sont du domaine ; pour les autres, la direction trouverait certainement le meilleur accueil chez les éditeurs, heureux de voir remettre en valeur des ouvrages importants dont le public actuel connaît souvent à peine les titres. Pour les ouvrages entièrement nouveaux, il n'en manque pas dont les éditeurs ont fait acquisition par avance et qu'ils confieraient certainement dans des conditions peu onéreuses à un théâtre sérieux, ne pouvant arriver à les faire admettre dans les scènes subventionnées.

« Pour l'organisation financière, je me rallie entièrement à vos idées :

« Constitution d'une société sérieuse et direction active et compétente.

« Toute subvention est doublée d'un cahier de charges, source de bien des difficultés et porte ouverte à l'obtention de faveurs trop souvent préjudiciables à la bonne administration d'un théâtre. Il faudrait pouvoir s'en passer.

« Il y aura lieu, pour la société qui ferait les fonds de l'entreprise nouvelle, de former un capital assez élevé pouvant assurer pour un certain temps la vie du nouveau théâtre, car il est à désirer, cette fois, que l'Opéra populaire ou Théâtre lyrique ne soit pas entraîné à fermer ses portes au bout de quelques mois ou même de quelques jours, comme cela s'est vu trop souvent.

« Je n'insiste ni sur la question de salle, les emplacements que vous proposez étant excellents, ni sur la composition de la troupe, de l'orchestre et des chœurs. Ce sont là questions de détail qui n'ont, pour le moment surtout, qu'un intérêt de second ordre.

« Voilà, cher monsieur, les idées que me suggèrent vos intéressants articles du *Temps* sur lesquels vous voulez bien appeler mon attention. Laissez-moi vous remercier de l'intérêt que vous montrez à nos jeunes compositeurs en leur facilitant les moyens de se faire connaître, en cherchant, par la création d'un nouveau théâtre lyrique, à donner à leurs œuvres un nouveau débouché et à leur ramener un public que les cafés-concerts n'ont que trop de facilité à leur enlever, au détriment de l'avenir de notre école nationale.

« Veuillez agréer, cher monsieur, l'expression de mes sentiments distingués.

« A. Durand. »

Enfin, M. Reyer consacrait un de ses si intéressants feuilletons du *Journal des Débats* à nos études; il disait :

Peut-être d'ici là le théâtre rêvé par mon excellent et très sympathique confrère Adolphe Aderer aura-t-il cessé d'être un projet sur le papier; peut-être même vous sera-t-il donné de le voir inaugurer, aux acclamations de la jeunesse, à laquelle il est depuis si longtemps promis. Et ce que je vous souhaite, c'est d'y avoir votre place, bien qu'il ne soit pas absolument créé pour vous.

Voici, en effet, ce que je lis dans le projet de M. Aderer :

« Étant donné que le troisième théâtre de musique que nous voulons voir s'établir s'appuierait sur un « répertoire », quel pourrait être ce répertoire?... Il est évident que l'Opéra et l'Opéra-Comique ne céderont point de gaieté de cœur les ouvrages de premier ordre dont ils ont la possession, par traité, pour tant et tant d'années... Il ne faut donc point songer à emporter au troisième théâtre de musique *les Huguenots, l'Africaine, le Prophète, Guillaume Tell, la Juive* et quelques autres opéras du même ordre (il n'y en a pas tant). — Pardon, mon cher confrère, il y en a encore quelques-uns que vous oubliez, ne serait-ce que *Faust, Hamlet* et *Aïda*, qui méritent bien de passer en première ligne, à ce que je crois, — pas plus que *le Pré aux Clercs, Mignon, la Dame blanche, Carmen* (il n'y en a pas tant non plus). — Je crois que vous en passez, et des meilleurs. — Mais il est une quantité d'ouvrages que l'on n'entend plus jamais à Paris, que les provinciaux, plus heureux que nous, entendent quelquefois et qui pourraient constituer à bref délai un répertoire considérable pour le troisième théâtre de musique que nous rêvons... Veut-on une liste de ces œuvres délaissées ou dédaignées par nos deux théâtres de musique subventionnés ? Nous la donnons ici de mémoire ; elle pourrait être complétée encore... » Je vois dans cette liste *le Premier Jour de bonheur* et *la Pie voleuse*, *le Bijou perdu* et *les Puritains*, *la Fanchonnette*... et quelques autres chefs-d'œuvre d'autrefois qui ne me paraissent pas constituer un fonds bien sérieux pour le répertoire d'un théâtre lyrique d'aujourd'hui. Mais j'y vois aussi *Fidelio* et *les Deux Journées*, de Chérubini ; *la Vestale* et *Fernand Cortez*, *Orphée* et *Armide*[1] ; j'y vois encore *Obéron* et *Euryanthe*, — pourquoi pas *Freischütz* qui semble avoir quitté pour toujours l'affiche de l'Opéra, — et je suis étonné de n'y point voir ni *la Prise de Troie* ni *les Troyens à Carthage* auxquels l'Opéra-Comique ne tient guère, ainsi que l'a surabondamment prouvé M. Carvalho tout récemment encore.

---

1. Il est probable qu'à la date où le projet de M. Aderer a été imprimé, l'Opéra n'avait pas encore songé à revendiquer l'œuvre de Gluck comme sienne.

La liste donnée par M. Aderer a donc besoin d'être complétée, cela ne fait pas de doute. Est-ce que Mme Cosima Wagner ne consentirait pas à y aider en autorisant, par exemple, la représentation des *Fées* ou de *la Défense d'aimer*, ni l'un ni l'autre de ces deux ouvrages de la jeunesse de Richard Wagner ne se trouvant, à ce que l'on m'assure, parmi ceux que les directeurs de l'Opéra se sont engagés à mettre à la scène pendant la durée de leur privilège qui a encore six belles années à courir?

M. Arthur Pougin qui est un érudit, très fort sur la statistique, indique à M. Aderer, pour grossir le répertoire de son théâtre, quatre-vingt-dix-sept ouvrages, — avec trois de plus qu'il serait facile de trouver, nous arriverions à la centaine, — parmi lesquels *Alceste*, les deux *Iphigénie*, *Œdipe à Colone*, *Stratonice*, *le Siège de Corinthe* et aussi *la Fée Carabosse, les Aubergistes de qualité*, de Catel, et *la Promise*, qui décida de la victoire de Clapisson sur Berlioz quand ces deux maîtres se présentèrent aux suffrages des académiciens de leur temps. C'est sans doute à ces trois derniers opéras et à quelques autres que M. Aderer fait allusion lorsqu'il répond à son honorable correspondant : « Nous craignons un peu que, dans la longue liste que nous donne M. Pougin, il ne se trouve des œuvres distinguées certainement, mais peu propres à attirer le public ; et c'est là surtout ce que nous cherchons, naturellement... »

Enfin, le projet de M. Aderer, qui me paraît reposer sur des bases très sérieuses, sur des chiffres irréfutables et bien alignés, vient d'être corroboré par le *desideratum* qu'exprime le rapporteur du budget des beaux-arts de voir se créer à Paris « un théâtre qui serait un théâtre d'épreuve, un théâtre-école devant servir tout à la fois, d'une part, à procurer aux jeunes compositeurs des satisfactions légitimes et, d'autre part, à donner aux études théoriques du Conservatoire de musique un complément nécessaire propre à relever et à fortifier notre école de chant », un théâtre, en un mot, qui, pour nous servir des expressions mêmes de M. Gounod, « serait un prolongement excellent et nécessaire de la pension de Rome, l'accomplissement des obligations contractées par l'État envers le pensionnaire, la seule conclusion pratique de la pension ».

Je ferai remarquer pourtant que la seule allusion faite dans le projet de M. Aderer à la situation des prix de Rome arrivés au terme de leur pension est celle-ci : « On est en droit de se demander à quoi peut servir le Conservatoire de musique s'il n'y a pas une troisième scène où les auteurs débutants puissent se faire connaître. Pourquoi apprendre officiellement à des jeunes gens un art qu'ils ne peuvent exercer? Comment s'étonner ensuite que quelques-uns se dirigent uniquement vers l'opérette, voire vers le café-concert?... »

Ce que dit M. Aderer en quelques lignes, je l'ai délayé en maints feuilletons, dont le premier est déjà d'une date fort ancienne. J'ai usé ma verve et mon encre inutilement.

Mon jeune confrère du *Temps* sera peut-être plus heureux que moi. Il a pour lui le rapporteur du budget des beaux-arts, et M. Gailhard, ainsi qu'on a pu le voir, est très sympathique à son projet. C'est quelque chose : c'est même beaucoup.

Depuis le jour où, il y a un an, M. Reyer écrivait ces lignes, la situation n'a pas changé.

UN

THÉÂTRE-FRANÇAIS POPULAIRE

Le but que nous poursuivons étant celui-ci : maintenir au théâtre une clientèle qui s'en éloigne peu à peu, pour s'adonner à des plaisirs moins relevés, pourquoi ne pas établir un « Théâtre-Français populaire », en suivant la méthode proposée pour le « Théâtre-Lyrique ou l'Opéra populaire » ?

Nous causions un jour de ces choses avec M. Antoine, le sagace fondateur du Théâtre-Libre, qui nous disait :

« Oui, il est à craindre que le public n'abandonne tout à fait le théâtre. Les conditions de la vie moderne sont telles, la lutte et le travail quotidiens deviennent si âpres! L'avenir est peut-être aux spectacles simples, faciles et violents, qui donnent des sensations et des jouissances physiques sans exiger du spectateur aucune dépense intellectuelle. Car notons qu'il se dépense tous les jours autant d'argent pour le plaisir. Mais cet argent va à des plaisirs plus physiques, plus immédiats : les bals, les cafés-concerts, les femmes, les acrobates, les restaurants.

« Il ne faut pas non plus oublier le jeu, qui déplace des sommes considérables. Le pari mutuel engouffre pour les classes moyennes, la bourgeoisie, les employés et les petits ouvriers aisés, qui forment le noyau des publics de théâtre, des sommes énormes : une fois dépensées, le dimanche, à Longchamps ou à Auteuil, ces sommes ne se retrouvent plus pour les plaisirs du soir, en semaine.

« Il faut signaler aussi le mouvement qui porte les populations vers la banlieue. Une grande partie de la classe aisée des employés habite à l'heure actuelle les communes environnantes. Autant de spectateurs habituels en moins!...

« Voilà bien des raisons pour rayer du budget un plaisir d'autant moins tentant qu'il est très coûteux, que les tentations y deviennent rares et que les nécessités de la vie journalière, les travaux achevés fort tard compliquent d'une hâte et d'une gêne peu compatibles avec nos besoins de confort moderne. »

A première vue, il semble qu'il y ait une certaine présomption à vouloir créer un nouveau théâtre lorsque la clientèle est insuffisante pour faire vivre les théâtres existant actuellement.

Nous avons dit, et M. Antoine tombait d'accord avec nous : « Il y a trop de théâtres. » Mais il nous faisait aussi la remarque suivante : « La Porte-Saint-Martin fait double emploi avec l'Ambigu. Lorsque l'un de ces théâtres prospère, l'autre tombe en déconfiture. Il n'y a pas d'exemple de deux pièces marchant parallèlement au Gymnase et au Vaudeville : la veine prodigieuse de Koning fut arrêtée au moment des triomphales recettes du cycle Bisson-Jolly. Quand les Bouffes tiennent *Miss Helyett*, les Folies-Dramatiques et les Nouveautés agonisent ; *Champigneul*, aux Nouveautés, devient un désastre pour les deux autres. Sans aucun doute, il y a trop de théâtres. »

Le directeur du Théâtre-Libre ajoutait alors :

« Une autre cause qu'il faut signaler de l'impossibilité actuelle de trouver une scène véritablement prospère avec des spectacles de succès moyen, ce sont les conditions effroyablement dispendieuses d'une exploitation théâtrale. Tous les baux majorés comportent des loyers exorbitants, et les exigences des comédiens, chaque jour grandissantes, amènent à des budgets énormes qu'aucune recette courante et de prévisions raisonnables ne peut équilibrer.

« Les directeurs sont condamnés aux gros succès d'argent à perpétuité, alors que, normalement, la salle comble n'est que l'exception très rare, exception qu'aucune administration raisonnable ne peut et ne doit prévoir pour subsister.

« Il a fallu, en conséquence, élever le prix des places, tandis qu'on n'offrait au public aucune compensation, ni au point de vue de la qualité du spectacle, ni au point de vue du confort de l'installation.

« La création d'une nouvelle salle de spectacle ne peut être admise que si elle est conçue et menée selon un plan nouveau, et, comme vous le demandez, en ayant ce double but : un spectacle bon marché et un spectacle intéressant. »

C'est bien cela. Il faut donc appliquer pour le Théâtre-Français populaire les mêmes principes que nous avons posés pour le Théâtre de musique populaire.

Il serait utile que le Théâtre-Français populaire fût voisin du Théâtre de musique populaire. Leur rapprochement les servirait l'un et l'autre au lieu de leur nuire. Plus ils seraient voisins, plus ils s'aideraient réciproquement.

Il faudrait que le Théâtre-Français populaire eût, comme son voisin, le Théâtre de musique, un *répertoire*. Ce répertoire servirait de base à l'exploitation. C'est entre deux pièces du répertoire que pourrait être donnée l'œuvre d'un jeune auteur, débutant ou déjà un peu connu.

Il faudrait que le Théâtre populaire eût une troupe homogène — sans étoiles surtout : les étoiles sont la perte d'un théâtre. Est-ce que M. Antoine ne nous a pas fait connaître une quantité de comédiens excellents, que les autres directeurs, d'ailleurs, lui ont pris immédiatement? Il ne manque point de jeunes gens en France, jeunes hommes et jeunes filles, qui ont encore le « démon du théâtre » et à qui les médiocrités officielles barrent le chemin. Ces jeunes gens ne sauraient être bien exigeants pour leurs appointements. Une fois le répertoire établi et une troupe d'ensemble bien constituée, le Théâtre-Français populaire pourrait vivre et subsister à côté du Théâtre de musique populaire, et, à deux, ils arriveraient peut-être au but que nous cherchons : rendre au public le goût du théâtre, du vrai théâtre, qu'il semble perdre chaque jour davantage.

LA MISE EN SCÈNE

Et surtout, pas de frais de mise en scène ! Des décors simples. Car dans les théâtres de comédie ou de drame, les frais de la mise en scène ont augmenté jusqu'à l'exagération, comme dans les théâtres de musique.

Voici quelques détails, à ce propos, assez curieux :

Dans la séance du 21 septembre 1832, le comité de la Comédie note ce qui suit :

« La dépense occasionnée par la mise en scène de *le Roi s'amuse* est autorisée jusqu'à concurrence d'une somme de 3,183 francs. »

Lorsque M. Perrin reprend *le Roi s'amuse*, la dépense s'élève à 69,144 fr. 20. Les costumes coûtent 35,800 francs; les décors, 27,767 francs; les lustres seuls, 2,818 francs.

Le 27 mars 1840, « une somme de 30 francs est ordonnancée par le comité pour l'achat d'un rouet en acajou nécessaire à la mise en scène de *Cosima* » (de George Sand).

Dans la même séance, le comité arrête à la somme de 267 fr. 60 l'état de la dépense nécessaire à la remise du *Bourgeois gentilhomme*.

Et ce même *Bourgeois gentilhomme* coûte en 1889, 15,993 fr. 90 à remonter. Costumes : 14,762 francs; retouches aux décors, 781 francs et 232 francs d'accessoires.

Hernani, qui avait été monté à peu de frais, coûte 31,936 fr. 35 quand on le reprend à la fin de l'Empire. Encore se sert-on de quelques décors de la création. L'entretien d'*Hernani* coûte, un an après sa reprise, 7,000 francs, soit près du double de la somme dépensée lors de la création.

Lorsqu'on joua *Henri III et sa cour* pour la première fois, les costumes d'une pièce maintenant ignorée, *le Béarnais*, furent mis à contribution.

La pièce qui a coûté le plus d'argent à monter à la Comédie-Française, dans ces dernières années, c'est *Hamlet*. La scène n'était pas aménagée pour les changements à vue, il fallut exécuter dans les dessous des travaux spéciaux. M. Perrin avait commandé les décors, sauf deux. M. Claretie fit exécuter les autres, ainsi que tous les costumes, dessinés par M. Bianchini, sauf ceux du roi et des pages, dessinés par M. Thomas.

La dépense d'*Hamlet* s'éleva à 84,463 fr. 20. Les costumes coûtèrent, 48,494 francs. Le seul manteau du roi et la robe avec cabochons, pierreries, etc., valaient 7,000 francs. Les épées et armures ont coûté 5,159 fr. 75; les bijoux, 5,896 fr. 90.

Chaque costume de page valait 654 francs. « C'est un *spectre* en or, que nous montrons au public », disait M. Got.

Et *Thermidor*, la pièce de M. Sardou, dont l'interdiction causa environ à la Comédie Française une perte sèche de *deux cent mille* francs (et pourquoi?), veut-on savoir les dépenses qu'elle coûta?

Les voici :

Costumes, pour les confectionneurs, 1,611 fr., pour les ateliers, 7,336 fr. 70; coiffures et cheveux, 4,491 fr. 90; chaussures, 3,552 fr. 25; bonneterie, 1,566 fr. 50; armes, 910; bijoux, 129; ceintures et gants, 733 fr. 50; dessins, 1,843 fr. 50. Total : 22,174 fr. 35.

Décors, peinture 15,026 fr. 30; bois, menuiserie, 3,304 fr. 65; toile 4,250. Total : 22,581 fr. 75.

Candélabres, lampes, 635 fr. 70; partition 8; serrurerie, 262; fleurs, 835 fr. 50; meubles, 1,482.

Total général : 47,978 fr. 55. Il faut y ajouter les frais de figuration aux répétitions et représentations, soit environ 4,000 francs.

Notons un détail touchant : c'est Mme Claretie, la mère de l'administrateur général,

THERMIDOR, DE VICTORIEN SARDOU, A LA COMÉDIE-FRANÇAISE.
(1ᵉʳ acte. — La Conciergerie.)

morte dernièrement, qui avait peint les bols et les assiettes en faïence, dans le style révolutionnaire, dont on se servait au déjeuner du deuxième acte.

Dans le Théâtre-Français populaire, nous n'aurons pas de *spectres* en or. Du carton et du paillon, simplement.

LE RÉPERTOIRE

De même que l'existence d'un théâtre de musique populaire ne peut être assurée que par un répertoire sérieux, il faut que le Théâtre-Français populaire ait, lui aussi, son répertoire. Ici, on n'a que l'embarras du choix.

Il semble que le répertoire purement classique devra être laissé de côté : le Théâtre-Français et l'Odéon le mettent en œuvre, et fort bien. Il n'y a pas à aller sur leurs brisées. Mais, après le répertoire classique, il existe une quantité de pièces remarquables qu'on ne voit plus jouer à Paris, dont on reprend l'une ou l'autre, d'année en année, sur une scène quelconque : ces œuvres pourraient constituer le répertoire voulu du Théâtre-Français populaire. Entre deux pièces de ce répertoire serait jouée une pièce nouvelle, l'œuvre d'un jeune, et c'est ainsi que les auteurs nouveaux trouveraient encore au Théâtre-Français populaire un débouché sérieux, important. Un théâtre populaire réservé aux jeunes seulement ne réussirait pas : les jeunes, pour arriver, doivent s'appuyer sur les anciens.

Voici donc, presque au hasard et sans recherches spéciales, une première liste d'œuvres — drame et comédie — qui pourraient constituer le répertoire du Théâtre-Français populaire. Il en est parmi celles que nous allons citer un certain nombre que les théâtres de province un peu sérieux qui existent encore jouent quelquefois : les Parisiens ne les entendent jamais ou presque jamais.

Alfred de Vigny : *la Maréchale d'Ancre.*
Casimir Delavigne : *Don Juan d'Autriche, les Enfants d'Edouard, Louis XI.*
Lebrun : *Marie Stuart.*
Victor Hugo : *Angelo, Marie Tudor, Lucrèce Borgia.*

George Sand : *Claudie, Mauprat, les Beaux Messieurs de Bois-Doré.*

Alexandre Dumas père : *Richard Darlington, la Tour de Nesle, Antony, le Comte Hermann, le Chevalier d'Harmental.*

Frédéric Soulié : *la Closerie des genêts, Diane de Chivry, Clotilde.*

Scribe : *la Camaraderie, Bertrand et Raton, la Calomnie, le Verre d'eau.*

Balzac : *Vautrin, la Marâtre.*

Paul Meurice : *Benvenuto Cellini.*

Lacroix : *Macbeth, le Roi Lear.*

Ponsard : *Lucrèce, la Bourse, Charlotte Corday.*

Louis Bouilhet : *Hélène, Faustine.*

A. Rolland : *l'Usurier de village, Nos Ancêtres.*

Octave Feuillet : *Montjoie, Un Drame parisien, le Roman d'un jeune homme pauvre, Dalila.*

Emile Augier : *la Contagion, Lions et Renards, Madame Caverlet, Un Beau Mariage, Jean de Thommeray.*

Alexandre Dumas fils : *la Question d'argent, Diane de Lys, l'Affaire Clémenceau, les Idées de Madame Aubray,* etc.

Victorien Sardou : *les Vieux Garçons, Nos bons villageois, Maison Neuve, l'Oncle Sam, Ferréol, les Diables noirs, les Ganaches, les Femmes fortes, la Famille Benoiton,* etc.

Edouard Pailleron : *les Faux Ménages.*

De Goncourt : *Germinie Lacerteux, Hélène Maréchal.*

Emile Zola : *l'Assommoir, Germinal, Pot-Bouille.*

Jules Claretie : *les Muscadins, Monsieur le Ministre, le Beau Solignac.*

Alphonse Daudet : *Jack, Fromont jeune et Risler aîné.*
Henri Becque : *les Corbeaux*, etc., etc.

On pourrait même faire une incursion vers le drame pur, avec les noms suivants :

Anicet Bourgeois : *la Dame de Saint-Tropez.*
D'Ennery et Ch. Edmond : *l'Aïeule.*
D'Ennery et Cormon : *les Deux Orphelines, Une Cause célèbre.*
Ferdinand Dugué : *Salvator Rosa.*
A. Maquet : *le Comte de Lavernie.*
M. Fournier : *Paillasse,*
E. Plouvier : *l'Outrage, l'Ange de Minuit.*
Th. Barrière : *le Crime de Faverne, le Sacrilège.*
Mallefille : *les Mères repenties.*
Brisebarre et Nus : *Rose Bernard, Léonard,* etc., etc.

Il est certain, il est sûr qu'avec cette liste, déjà longue, qui pourrait être doublée, triplée, on pourrait arriver à constituer un répertoire considérable pour le Théâtre-Français populaire.

Nous avons, de parti pris, éloigné un certain nombre d'œuvres qui devraient y figurer, mais pour lesquelles les frais de mise en scène seraient trop élevés, car nous voulons que le théâtre que nous demandons soit un théâtre bon marché.

LA TROUPE

Il nous reste à établir quels pourraient être approximativement les frais d'exploitation du Théâtre-Français populaire, ainsi que nous l'avons fait pour le théâtre de musique.

Local. — D'une façon générale et les additions faites, nous compterons : pour le loyer, les assurances, les eaux et vidanges, le téléphone, les sonneries, les impôts, etc., la somme de 110,000 francs par an, soit à peu près 300 francs par jour.

Pour l'éclairage, 100 francs par jour; pour les affiches 34; pour les pompiers 17. Le contrôle, 850 à 900 francs par mois.

Frais d'exploitation. — Evaluons maintenant les frais d'exploitation : régisseur général, 350 francs par mois; administrateur, 300; deuxième régisseur, 150; secrétaire, 150; souffleur, 120; caissier comptable, 200; garçon de bureau, 120.

Costumier, 160 francs; teinturier 300; costumière, 150; blanchisseur, 100; coiffeur, 100; chef d'accessoires, tapissier, 150; 2 garçons d'accessoires, 60; concierge, 150; balayage, 175.

Chef machiniste, 300 francs; menuisier, 210; serrurier, 180; 2 aides, 300; la brigade entière, 990, plus environ 15 à 18 hommes coûtant 1 fr. 50 par soirée.

8 habilleurs à 1 fr. 25 et 6 habilleuses à 1 franc par soirée, 2 ouvrières à 2 fr. 50 par jour.

Il y aurait lieu aussi de compter les appointements de l'orchestre : 300 francs pour le chef et 1,710 francs pour 14 musiciens, et la solde des figurants (0 fr. 70 par figurant et 1 franc par figurante).

La troupe. — Nous formons à la fois une troupe de drame et de comédie. Peut-être trouvera-t-on quelques-uns des chiffres que nous allons donner encore un peu élevés;

mais nous aimons mieux être au-dessus de la réalité qu'au-dessous ; il y aura ainsi moins de mécomptes.

Hommes

	Fr.	
Premier rôle	1.800	par mois.
Jeune premier rôle	1.500	—
Troisième rôle	800	—
Père noble	600	—
Rôle de caractère	1.000	—
2 rôles de genre à 600 fr	1.200	—
2 amoureux à 500 fr	1.000	—
Premier comique	1.000	—
Jeune comique	400	—
2 grandes utilités à 300 fr	600	—
2 seconds rôles à 300 fr	600	—
4 utilités à 150 fr	600	—
2 second comiques à 200 fr	400	—

Femmes

Premier rôle	1.500	—
Jeune premier rôle	1.200	—
Jeune premier	1.000	—
2 amoureuses à 300 fr	600	—
Ingénuité	400	—
Soubrette	400	—
Mère noble	500	—
Duègne	300	—
2 utilités à 200 fr	400	—
Total	17.800	par mois.

FRAIS TOTAUX

Cela dit, nous pouvons établir le total des frais mensuels :

Frais mensuels

	Fr.
Troupe	18.000
Loyer et frais	9.166
Administration et employés	2.785
Orchestre	2.110
Machinistes	1.900
Contrôle	900
Figuration	600
Petits employés	630
Eclairage	3.000
Affiches	1.120
Pompiers	510
Direction	1.500
Frais divers	300
Total	42.521

En divisant le chiffre de 42,521 francs par 30, on obtient 1,404 *francs* par jour. Et c'est un chiffre, comme on a pu le voir, calculé sur des données très larges. Il pourrait être réduit. Il y a, actuellement même, des théâtres importants qui jouent la comédie et où l'on n'atteint pas ce chiffres de frais : il est vrai qu'on emploie, dans l'un de ceux auxquels nous pensons, des élèves sortant du Conservatoire qui, pendant deux ans, ne gagnent que 200 francs par mois. C'est une économie. Mais ne pourrait-on trouver des artistes moins exigeants que ceux dont nous calculions plus haut les appointements ? Nous le croyons fermement. Les frais mensuels du troisième théâtre populaire seraient encore réduits. Tels qu'ils sont, ils ne sont pas excessifs et ils permettent de mettre les places de la salle à bon marché, à très bon marché.

C'est ce que nous cherchons.

EMPLACEMENT

Quelques personnes nous disent : « Tout cela est fort bien. Mais où placerez-vous les deux théâtres, dont nous reconnaissons, comme vous, la nécessité ? »

Bien que cette question ne soit pas tout à fait dans le cadre de nos études, purement subjectives, nous ne demandons pas mieux que de rechercher en quel endroit les deux théâtres nouveaux pourraient être placés.

Il en est un qui s'offre immédiatement : la place du Châtelet. Cette place est au cœur de Paris. C'est le principal point de jonction des deux grandes divisions de la capitale : rive droite et rive gauche. On pourrait installer le théâtre de musique populaire dans la vaste salle du Châtelet, et l'on mettrait le Théâtre-Français populaire, en face, dans la salle que l'Opéra-Comique occupe actuellement et qu'il quittera l'année prochaine. Ce sont deux immeubles municipaux.

La Ville de Paris pourrait aider les deux entreprises et montrer l'intérêt qu'elle porte à l'instruction et à l'amusement des classes populaires en diminuant le prix du loyer : ce serait une forme de subvention, qui ne comporterait pas un cahier des charges — chose redoutable, comme nous l'avons dit. Lorsque l'Opéra-Comique, après l'incendie de la salle Favart, a émigré place du Châtelet, que de personnes ont dit : « C'est la ruine, c'est la mort ! » Or c'est là-bas qu'il a fait les meilleures recettes de son existence. Et quelles œuvres ont fourni, tout d'abord, les plus belles? Les œuvres du répertoire que d'aucuns disent usées, celles que nous proposions pour le répertoire du théâtre d'Opéra populaire. Il y avait là-bas un public, et un grand public, tout prêt pour ces représentations. Il y sera toujours.

Voilà un premier emplacement.

Il y en aurait un autre. Partant de ce principe que les théâtres populaires doivent être installés au centre des quartiers populaires, nous les placerions tous deux au boulevard Saint-Martin, à quelques pas de ces quatre ou cinq cafés-concerts qui, chaque soir, regorgent de monde.

Nous mettrions (il est bien entendu que tout cela se ferait d'accord avec les propriétaires et directeurs actuels de ces salles, qui, du reste, ne seraient point fâchés de les voir un peu plus remplies), nous mettrions le théâtre de musique populaire dans la belle salle de la Porte-Saint-Martin. M. Rochard, qui prépare courageusement sa campagne d'hiver avec le drame, n'est pas sans avoir entendu parler de projets lyriques et musicaux pour son théâtre. La musique ne l'effraye pas. Il vient de conclure avec un impresario italien un traité pour une série de représentations italiennes pendant les mois d'été de 1895.

Du reste, encore une fois, nous laissons les personnes hors de cause et nous supposons les salles libres, à la disposition de tous.

Le théâtre de musique populaire étant à la place de la Porte-Saint-Martin, nous mettrions le Théâtre-Français populaire dans la salle actuelle de l'Ambigu. Les deux théâtres seraient voisins, et, comme nous l'avons dit, ce voisinage les servirait.

Il y a plus. Il en faut, n'est-ce pas? pour tous les goûts. Sans avoir une prédilection marquée pour l'opérette et le vaudeville, nous

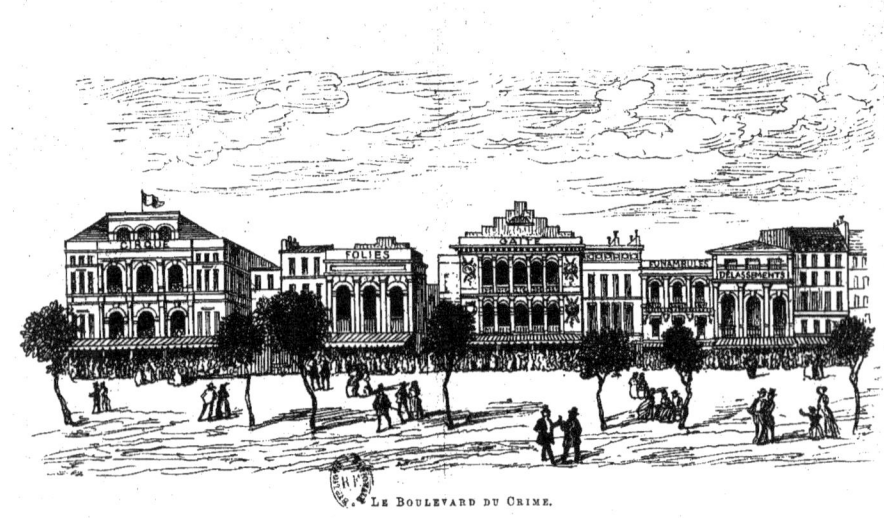

Le Boulevard du Crime.

concevons très bien que ces deux genres amusent bien des gens. Pourquoi ne pas inaugurer aux Folies-Dramatiques un théâtre d'opérette *populaire*, avec son répertoire (Offenbach, Lecocq, Hervé, Audran, etc.) et ses auteurs nouveaux ? Pourquoi ne pas inaugurer à la Renaissance un théâtre de vaudeville *populaire*, avec son répertoire (Labiche, Gondinet, Lambert Thiboust, etc.) et ses auteurs nouveaux ? Mme Sarah Bernhardt en serait quitte pour prendre un autre théâtre... plus près de Paris.

Ainsi, l'on établirait, l'un à côté de l'autre, quatre théâtres à bon marché, où les habitants de ces populeux quartiers viendraient, car ils y viendraient. On reconstituerait en quelque sorte ce qui existait, il y a cent ans, au boulevard du Temple, au boulevard du Crime. « Le boulevard du Temple, dit un de ses historiens, fut sans contredit le plus bruyant, le plus joyeux, le plus *populaire* de Paris. Ce n'étaient que cafés, restaurants et spectacles. Le *Lazari*, le *P'tit-Laz*, selon l'expression abréviative, y coudoyait les *Funambules*, qui se trouvaient à côté de la *Gaîté*, proche voisine des Folies-Dramatiques, accolées à la salle du Cirque, et enfin le Théâtre-Historique, devenu plus tard Théâtre-Lyrique, était contigu à cette joyeuse maison de Deffieux... dans laquelle ont dansé les trois quarts des jeunes mariées des quartiers avoisinants. Le soir, des queues formidables se formaient à la porte de chaque théâtre; c'étaient des cris, des glapissements, des poussées qui nécessitaient continuellement l'intervention du sergent de ville, spectateur bronzé de ce tohu-bohu quotidien. Marchandes d'oranges et de sucre d'orge, marchandes de pommes et de gâteaux populaires, bouquetières ambulantes du boulevard du Crime, qu'êtes-vous devenues? »

Pourquoi ne reverrait-on pas tout cela au boulevard Saint-Martin, qui est moins loin ? Il suffirait peut-être de l'intelligente initiative et de l'*accord* de quatre personnes compétentes en ces matières. Nous soulignons le mot *accord*, car, si les directeurs, au lieu de chercher à se nuire, voulaient quelquefois s'entendre, ils arriveraient peut-être à faire de meilleures affaires. Installer quatre théâtres populaires au boulevard Saint-Martin n'est pas une chose aussi énorme qu'elle paraît : nous avons montré ce qu'on pourrait faire pour deux d'entre eux. Ceux qui tenteraient cette entreprise réussiraient sans doute, et ils auraient droit aux remerciement de tous ceux qui, en France, aiment le théâtre.

QUELQUES OPINIONS

Nous avons donné l'avis de plusieurs personnes autorisées au sujet de la question du Théâtre de musique populaire.

Complétons d'une façon analogue les études que nous avons faites sur la question d'un Théâtre-Français populaire, en publiant l'opinion de deux ou trois des personnes les plus compétentes en ces matières.

Voici, tout d'abord, l'opinion de M. Victorien Sardou :

« Pour moi, l'origine de tout le mal, c'est la liberté des théâtres. Vous l'avez indiqué et vous avez bien fait. Il y a trop, beaucoup trop de théâtres. La grande abondance des théâtres n'a pas eu seulement pour effet de disséminer le public. Elle a d'autres résultats non moins graves.

« Autrefois, les théâtres étant peu nombreux, les acteurs étaient forcément moins exigeants. Qui n'était pas engagé au Gymnase ne pouvait entrer qu'au Vaudeville; qui sortait des Variétés ne pouvait trouver place qu'au Palais-Royal. Voilà pourquoi les troupes de ces théâtres étaient si complètes, si parfaites... Et, si l'on mettait en face les uns des autres les appointements des comédiens qu'on appelait Félix, Lafont, Numa, Lesueur, Ravel, Geoffroy, etc., et ceux des artistes d'aujourd'hui — que vous me dispenserez de nommer — on serait, je crois, quelque peu surpris... De nos jours, les acteurs peuvent, en quelque sorte, tenir la dragée haute aux directeurs. Ils savent que, si celui-ci ne veut pas leur donner les appointements énormes qu'ils réclament, celui-là croira faire une bonne affaire en les leur octroyant... De cette façon, vous avez un ou deux bons acteurs par théâtre, et encore... Vous n'avez plus de bonnes troupes, de ces troupes d'ensemble qui menaient, il y a trente ans, les bonnes pièces au succès...

« Sur les causes du mal, donc, je tombe d'accord avec vous sur tous les points : le nombre excessif des théâtres, le prix trop élevé des places, que les directeurs sont obligés de maintenir, à cause des grosses charges qui pèsent sur eux, la concurrence envahissante des cafés-concerts. Tout cela est vrai, tout cela est juste, et tout cela n'est pas sans être grave, je le crois aussi, pour l'avenir de notre théâtre.

« Mais, pour ce qui est du remède, oh! je crains bien que les « théâtres populaires » ne soient une décevante utopie. Sans doute, cela serait un beau rêve que de reconstituer au boulevard Saint-Martin ce qu'était autrefois le boulevard du Temple ou le boulevard du Crime. Comme vous le dites, il ne faudrait peut-être pour cela que quatre directeurs intelligents qui se mettraient d'accord. Mais, diable ! quatre directeurs intelligents, cela ne se trouve peut-être pas aussi facilement que vous semblez le croire. Et, leur existence admise, voudraient-ils s'entendre et s'aider ? Depuis qu'on parle d'associations et de syndicats, on n'a jamais tant vu de divisions ni une telle anarchie !

« Et le répertoire ? Serait-il commode à établir ? Songez que beaucoup des auteurs vivant actuellement ne veulent pas qu'on reprenne leurs pièces sur des théâtres de premier ordre, parce qu'ils n'y trouveraient pas la distribution voulue ? La trouverions-nous chez les jeunes artistes que vous nous offrez ? Nous pourrions faire, une fois peut-être par hasard, un sacrifice à la grande cause du Théâtre-Français populaire. Mais deux fois, nous hésiterions tous... Ainsi, la question du répertoire — qui est capitale, vous avez raison de le dire — me paraît être grosse de périls et de déboires !...

« Pour moi, je ne vois qu'un remède, un remède radical : celui que le Premier Consul employa. D'un trait de plume, il supprima dix-huit théâtres, je crois. Du coup, le public afflua dans ceux qui restaient... M. Roujon, aura-t-il l'audace d'imiter Bonaparte ? Il rendrait un fier service à l'art dramatique. »

M. Alexandre Dumas nous écrit :

Marly-le-Roi, 16 juillet.

« Cher monsieur,

« Je suis un peu en retard avec vous; mais il est bien difficile de ne pas être en retard quand on reçoit autant de lettres que j'en reçois me demandant mon avis sur tel ou tel sujet, sur telle ou telle question. Il m'en arrive certainement huit ou dix par quinzaine. Je réponds de mon mieux; mais il m'arrive quelquefois d'avoir autre chose à faire.

« Cependant j'ai lu vos articles il y a déjà quelque temps. Si j'étais à Paris, je vous aurais prié de venir me voir et j'aurais causé avec vous. Mais je suis à la campagne, et ce n'est pas la peine de vous déranger pour vous dire que je ne crois guère au succès possible du projet dont vous parlez. Je n'en ai pas causé avec mon voisin Sardou, mais je suis certain d'avance qu'il est du même avis que moi. L'exécution pratique d'un pareil théâtre, qui, rien que pour représenter le répertoire que vous proposez, aurait besoin d'une troupe qu'aucun théâtre n'a jamais pu réunir, serait absolument ruineuse. Vous voyez la Porte-Saint-Martin, l'Ambigu, le Gymnase crouler l'un après l'autre et vous proposez un nouveau théâtre populaire capable de lutter avec les Alhambra, les Alcazar, les Moulin-Rouge, les Casino de Paris, les Olympia, etc.! Je ne veux pas entrer dans la discussion. Mes arguments couvriraient des cahiers de papier à lettre.

« Je me trompe peut-être. Vous êtes jeune, vous avez du temps devant vous : continuez vos études et vos efforts. Personne n'applaudira plus que moi à la réussite du projet que vous avez imaginé, puisque j'ai une place dans le répertoire que vous avez établi et que je vous suis tout dévoué.

« ALEXANDRE DUMAS. »

Enfin M. Jules Claretie nous envoyait la lettre suivante :

Londres, 12 juillet.

« Mon cher ami,

« Vous me demandez mon avis sur les articles que vous venez de publier relativement à la création d'un théâtre de musique populaire et d'un théâtre populaire de littérature. J'ai à peine le temps de vous répondre et je veux simplement vous envoyer de

Londres un accusé de réception. J'aurais plus de facilités à Paris.

« Il est certain que le nombre des théâtres à Paris est trop grand. Les cafés-concerts, les courses, les jeux du sport drainent la plus grande partie de l'argent que l'homme moderne consacre à ses plaisirs. Il est certain aussi que la production considérable des écrivains, les essais des jeunes cerveaux ne trouvent pas les débouchés voulus et que, *quoiqu'il y ait trop de tout* dans notre existence actuelle, pourtant il semble qu'il y ait à la fois anémie et pléthore.

« Je verrais avec plaisir la création d'un théâtre populaire, et l'aventure a tenté et hanté depuis bien longtemps les meilleurs et les plus hauts esprits. Lisez les articles de Dumas père là-dessus, les paroles de Victor Hugo, lisez les arguments de l'excellent Regnier, qui était aussi pratique qu'érudit.

« Le théâtre à bon marché ! C'est peut-être le salut du théâtre, bien qu'un proverbe dise qu'en matière théâtrale il faut souvent jeter l'argent par les fenêtres si l'on veut qu'il rentre par la porte. Ce qui est plus certain, c'est que l'argent jeté ainsi est aventuré et que les entreprises théâtrales ont trop abusé du luxe en ces dernières années. La robe de mousseline de Mlle Mars et les décors primitifs et simples sont peut-être ce qu'il faudrait remettre à la mode.

« Si l'on ne réagit pas, le théâtre ira aux exhibitions, aux cirques, aux hippodromes, aux Alhambras, aux spectacles où la lorgnette a plus de rôle que le cerveau, et notre supériorité indéniable sur ce point nous échappera, car on *fait plus fort* à Chicago que chez Nicolet.

« Votre campagne est donc excellente, mon cher ami, et ce n'est pas une discussion de votre projet, c'est une approbation que je vous envoie. L'idée de rapprocher les théâtres est surtout heureuse. Le vieux boulevard du Temple fut longtemps le cœur même de Paris parce que les théâtres s'y accotaient les uns aux autres dans une promiscuité fraternelle. Un seul théâtre ayant une pièce en vogue, attirant la foule, donnait du public à ses voisins. C'était la fraternité dans le voisinage. Nous sommes plus individualistes. La concurrence n'est pas toujours une des causes du succès.

« A vous en hâte et pardon pour ces mots rapides. Cordialement.

« JULES CLARETIE. »

L'OPINION DE VICTOR HUGO

Il ne s'agit point — comme on pourrait le croire en ce temps d'occultisme et de magie — d'une conversation... posthume que nous aurions eue avec le grand poète : nous n'avons point, comme quelques contemporains ou contemporaines, la faculté de causer avec les esprits invisibles, petits ou grands. Nous avons simplement, en feuilletant le *Moniteur universel* de 1848, retrouvé le rapport lu par Victor Hugo devant l'Assemblée constituante et concernant la situation des théâtres.

Sans parler spécialement des théâtres nationaux, Victor Hugo s'attache à montrer avec quel soin le gouvernement de la République doit se préoccuper de la situation et de l'avenir du théâtre en France. C'est une page éloquente qui pourrait servir de guide, aujourd'hui encore, à tous ceux qui ont mission de surveiller, de près ou de loin, les scènes théâtrales.

Donc, le 18 juillet 1848, Victor Hugo montait à la tribune et demandait une subvention spéciale pour tous les théâtres parisiens que les événements avaient forcé de fermer leurs portes, et afin qu'ils pussent rester ouverts jusqu'à l'hiver.

« Le citoyen Victor Hugo. — Le rapport que je suis chargé de présenter à l'Assemblée est très court. Je lui demande la permission de le lui lire. (*Oui, oui, lisez!*)

« Messieurs, dans les graves conjonctures où nous sommes, en examinant le projet de subvention aux théâtres de Paris, notre comité de l'intérieur et la commission qu'il a nommée ont eu le courage d'écarter toutes les hautes considérations d'art, de littérature, de gloire nationale, qui viendraient si naturellement en aide au projet, pour ne se préoccuper de la mesure proposée qu'au point de vue de l'utilité politique...

« Les théâtres de Paris sont peut-être les rouages principaux de ce mécanisme compliqué qui met en mouvement le luxe de la capitale et les innombrables industries que ce luxe engendre et alimente, mécanisme immense et délicat, que les bons gouvernements entretiennent avec soin, qui ne s'arrête jamais sans que la misère naisse à l'instant même et qui, s'il venait jamais à se briser, marquerait l'heure fatale où les révolutions sociales succèdent aux révolutions politiques.

« Les théâtres de Paris, messieurs, donnent une notable impulsion à l'industrie parisienne, qui, à son tour, communique la vie à l'industrie des départements. Toutes les branches du commerce reçoivent quelque chose du théâtre. Les théâtres de Paris font vivre directement dix mille familles, trente ou quarante métiers divers, occupant chacun des centaines d'ouvriers et versant annuellement dans la circulation une somme qui, d'après des chiffres incontestables, ne peut guère être évaluée à moins de 20 ou 30 millions.

« ...A une époque comme la nôtre, les représentations dramatiques sont une distraction souhaitable et peuvent être une heureuse et puissante diversion. L'expérience a prouvé que, pour le peuple parisien en particulier (il faut le dire à la louange de ce peuple si intelligent), le théâtre est un calmant efficace et souverain. Ce peuple se tourne toujours volontiers, même dans les jours d'agitation, vers les joies de l'intelligence et de l'esprit. Peu d'attroupements résistent à un théâtre ouvert ; aucun attroupement ne résisterait à un spectacle gratis. (*Mouvements divers.*)

« Le citoyen FLOCON. — Si l'attroupement avait dîné !

« Le citoyen VICTOR HUGO. — L'utilité politique de la mesure de la subvention aux théâtres est donc démontrée. »

Le rapporteur entre ensuite dans les détails de la subvention. La liste des théâtres qui en bénéficient est curieuse à citer :

« Opéra, théâtre de la nation, 170,000 francs. Théâtre de la République, 105,000. Opéra-Comique, 80,000. Odéon, 45,000. Gymnase, 30,000. Porte-Saint-Martin, 35,000. Vaudeville, 24,000. Variétés, 24,000. Théâtre Montansier, 15,000. Ambigu-Comique, 25,000. Gaîté, 25,000. Théâtre-Historique, 27,000. Cirque, 4,000. Folies-Dramatiques, 11,000. Délassements-Comiques, 11,000. Théâtre Beaumarchais, 11,000. Théâtre Lazari, Funambules, 5,000. Luxembourg, 5,000.

Théâtres de la banlieue, 10,000. Hippodrome, 5,000. Éventualités, 10,000. Total, 680,000 francs. »

Cela dit, le rapporteur conclut de la façon suivante :

« Il faut que les théâtres rouvrent. Ce qui distrait les esprits les apaise... Que les étrangers se sentent rappelés à Paris par le calme rétabli, qu'on voie des passants dans les rues la nuit, des voitures qui roulent, des cafés éclairés, qu'on puisse rentrer tard chez soi. Les théâtres vous restitueront toutes ces libertés de la vie parisienne qui sont les indices mêmes de la tranquillité publique...

« ...Ce que vous ferez en ce moment sera utile pour le présent et fécond pour l'avenir. Ce ne sera pas un bienfait perdu. Venez en aide au théâtre. Le théâtre vous le rendra. Votre encouragement sera pour lui un engagement. Aujourd'hui, la société secourt le théâtre ; demain, le théâtre secourra la société. Le théâtre (c'est là sa fonction et son devoir) moralise les masses en même temps qu'il enrichit la cité. Il peut beaucoup sur les imaginations, et, dans des temps sérieux comme ceux où nous sommes, les auteurs dramatiques comprendront plus que jamais, n'en doutez pas, que faire du théâtre une chaire de vérité et une tribune d'honnêteté, pousser les cœurs vers la fraternité, élever les esprits aux sentiments généreux par le spectacle des grandes choses, infiltrer dans le peuple la vertu et dans la foule la raison, enseigner, apaiser, éclairer, consoler, c'est la plus pure source de la renommée, c'est la plus belle forme de la gloire. » (*Applaudissements.*)

Après le rapport de Victor Hugo, les citoyens André et Légeard (?) firent observer que la province n'a pas à se préoccuper des plaisirs parisiens, ce qui amena une virulente réplique de Félix Pyat en faveur de l'art dramatique, « de cet art éminemment français dans lequel notre nation est encore aujourd'hui sans rivale ». L'orateur révolutionnaire ajoutait encore : « Paris sans théâtre ne serait plus qu'un immense Carpentras. »

Le projet de loi fut adopté séance tenante.

⁂

Le souvenir que nous venons d'évoquer nous servira de conclusion. Nous n'en saurions trouver une plus éloquente.

LA

DIRECTION DE L'ODÉON

LA
DIRECTION DE L'ODÉON

Lorsque M. Porel donna, tout à fait à l'improviste, sa démission de directeur de l'Odéon, on discuta beaucoup, dans la presse, sur la question de « la direction de l'Odéon ».

Nous demandâmes leur avis aux maîtres de l'art dramatique.

Voici les lettres qu'ils nous répondirent :

« Cher monsieur,

« Vous me demandez mon opinion sur l'Odéon.

« La raison d'être de ce théâtre et de la subvention qu'il reçoit, c'est d'être un théâtre littéraire, ouvert à tous ceux qui commencent, et qui commencent bien : auteurs et acteurs.

« C'est l'antichambre du Théâtre-Français. Il doit travailler pour lui, et non contre lui.

« Tout à vous,
  « CAMILLE DOUCET. »

⁂

« Cher monsieur,

« Vous me demandez quelles sont mes vues générales sur l'Odéon ? L'Odéon est un théâtre subventionné à la fois pour représenter les chefs-d'œuvre classiques et pour ouvrir la carrière aux jeunes auteurs et aux jeunes comédiens qui donnent des espérances au Conservatoire surtout. Autrement dit,

LE THÉATRE NATIONAL DE L'ODÉON.
D'après une eau-forte de H. TOUSSAINT.

c'est, ou plutôt l'État désire que ce soit une sorte de pépinière d'auteurs et d'acteurs. Seulement, il y a une grande difficulté, qui est de pouvoir représenter tous les ouvrages qu'on y apporte. La chose étant impossible, de là les plaintes, les récriminations, les attaques d'une foule de jeunes gens. J'ai connu depuis quarante ans tous les directeurs de l'Odéon ; je les ai toujours vus s'efforcer de se conformer au programme, qui est de faire durer les anciens et de faire vivre les nouveaux. Mais, quand les chefs-d'œuvre des anciens ne fournissent plus de recettes et quand ceux des nouveaux n'en fournissent pas encore, comment faire ? Il est bien évident que le jeune homme qui a déposé une pièce à l'Odéon et qui voit l'Odéon à moitié vide croit de bonne foi et déclare très haut que, si l'Odéon jouait sa pièce, la salle serait pleine. Peut-on toujours faire la preuve ? On l'a tentée souvent sans qu'elle ait été concluante dans le sens de l'auteur. Au milieu de toutes les choses à faire, il y a encore à faire faillite, ce que ne veut absolument pas le directeur. Alors il cherche des expédients : il engage une étoile, il ajoute la musique à son répertoire, il ressuscite des morts, il fait appel à des vieux, il fait passer les mers ou les montagnes aux chefs-d'œuvre étrangers; il s'ingénie de toutes les façons à faire venir le public, qui n'aime pas bien à passer les ponts l'hiver pour aller au spectacle, et encore moins pour revenir, car il faut le public de la rive droite pour alimenter ce théâtre de la rive gauche, et ce n'est pas la concurrence qui manque de notre côté.

« Alors les cris recommencent. « L'Odéon
« n'est pas fait pour les morts, pour les vieux,
« pour les étrangers. Le directeur manque à
« son cahier des charges, etc. » Je ne parle même pas des interpellations à la Chambre si ce malheureux Odéon fait quelque tentative naturaliste comme *Germinie Lacerteux*.

« Évidemment, le rêve serait que le public s'intéressât aux débuts des jeunes auteurs et des jeunes comédiens et se réunît nombreux

dans cette vaste salle pour goûter les joies
raffinées de l'esthétique pure. On se groupe-
rait dans le foyer, pendant les entr'actes, et
l'on discuterait les nuances devant les bustes
de Corneille, de Racine, de Molière, de
Beaumarchais et même de Marivaux. Il n'y
faut pas compter... ne plus compter davantage sur les étudiants passionnés pour ou
contre telle ou telle école. L'esprit des étudiants est autre part : Lavisse et Vogüé vous
le diront. Les générations nouvelles sont en
quête de vérités définitives auxquelles l'on
prétend que le théâtre n'a rien à voir, ce qui
n'est pas mon avis. S'il est un milieu où les
problèmes les plus intimes de l'âme et de la
conscience pourront être posés et même ré-
solus, c'est le théâtre. Que ne peut-on pas
dire, que ne peut-on pas apprendre aux
hommes et aux femmes réunis, pressés entre
quatre murs, les uns contre les autres, le
cœur et l'esprit tendus sur le développement
de la question qui les intéresse le plus :
l'amour ? Le jour où un jeune auteur posera

et résoudra un de ces problèmes, dans toutes les conditions du théâtre, sur la scène de l'Odéon, tout Paris courra à l'Odéon. Il ne serait pas étonnant que ce jeune homme se révélât bientôt. On fait assez de fumier littéraire en ce moment pour qu'il chauffe le sol et donne enfin naissance à quelque chose.

« Mais ce n'est pas de cela qu'il s'agit. Il s'agit particulièrement de l'Odéon et de mes vues générales sur ce théâtre. C'est bien simple. S'il est démontré que l'Odéon ne peut pas vivre selon le programme de l'administration, il ne faut pas s'en tenir à ce programme : il faut appeler à sa direction un homme intelligent, actif, lettré, honnête et le laisser faire ce qu'il croira bon de faire dans l'intérêt des écrivains, des artistes et du public. Il ne contentera évidemment pas tout le monde ; mais qui est-ce qui contente tout le monde ?

« A vous,
« ALEXANDRE DUMAS. »

« Mon cher ami,

« Ces exposés d'idées sur l'art dramatique, les théâtres, les comédiens, etc., etc., ont pour grand inconvénient de provoquer des discussions, des attaques, etc. Si je disais tout haut et franchement ce que je pense du théâtre actuel, des auteurs nouveaux, des acteurs et même du public; je me ferais écharper ! Ne pouvant pas le dire, je me tais. C'est si facile et si agréable de se taire ! Ajoutez que, comme vice-président de la commission, je suis tenu à la plus grande réserve. Donc, le silence est d'or, et je le garde !...

« Mille amitiés,
« Victorien Sardou. »

« Mon cher ami,

« Comment, encore une question ?

« Décidément, ce jeu des questions a passé de la rue dans le journal.

« Et une question de l'Odéon encore !

« Je vous jure devant Dieu et devant les hommes que j'ignore absolument la question... en question. Quant à l'Odéon, c'est à peine si je m'en souviens, pour y avoir fait de lointains débuts; je sais seulement que c'est un théâtre à l'usage des jeunes auteurs, où on joue Shakespeare et Goncourt, mais voilà tout ! Ce n'est pas assez, hein ? Alors, adressez-vous à un autre, cher ami, et croyez néanmoins et toujours à mes meilleurs sentiments.

« Édouard Pailleron. »

❧

« Mon cher confrère,

« De *jeunes* auteurs joués par de *jeunes* artistes. Autant de pièces que possible, représentées avec aussi peu de mise en scène que possible, voilà le véritable programme de l'Odéon.

« Mille amitiés,
                « Ludovic Halévy. »

❧

« Mon cher confrère,

« C'est à l'Odéon que *le Passant* fut joué, il y a vingt-trois ans. C'est à l'Odéon qu'ont été représentés la plupart de mes ouvrages dramatiques. C'est là que j'ai vécu quelques-unes des plus belles heures de ma vie. J'ai, pour l'Odéon, une tendresse presque superstitieuse. Depuis quelques années, des raisons — sans intérêt pour le public — m'en avaient exilé, et j'en ressentais un véritable chagrin. Je souhaite au prochain directeur, quel qu'il soit, tout le succès possible.

« A mon humble avis, il fera bien de diminuer le nombre des violons, de ne point abuser des adaptations d'après le théâtre étranger, de composer une bonne troupe d'ensemble, sans premier rôle encombrant, où viendront s'encadrer les recrues du Conservatoire. Je lui conseille de n'avoir aucun parti pris en littérature, d'être très éclectique, très libéral, de faire aux jeunes gens une place aussi large que possible, de ne pas reculer devant les tentatives audacieuses, d'apporter quelque discrétion dans ses conseils aux auteurs et de se souvenir qu'ils sont seuls responsables devant le public.

« Je demande, en outre, au directeur de l'Odéon beaucoup de tact et de goût, beaucoup d'ordre et d'activité, une présence assidue à l'avant-scène.

« Avec toutes ces qualités, fera-t-il fortune ? Je n'ose le lui prédire. Mais gagner suffisamment sa vie en rendant service à l'art dramatique et aux lettres françaises, c'est encore, selon moi, naïf poète, un sort enviable. Pour l'accepter, le ministre trouvera sans peine, j'en ai le ferme espoir, un homme de mérite et de désintéressement.

« Cordialement à vous,

« François Coppée. »

※

« Mon cher ami,

« A mon avis, l'Odéon doit être en quelque sorte l'imprimerie, la maison d'édition, militante et jeune, dont la Comédie-Française est la bibliothèque.

« Cordialement à vous,

« Jules Claretie. »

⁂

« Mon cher ami,

« Je reprends la phrase de Ludovic Halévy, qui vous écrivait hier : « De jeunes au-
« teurs joués par de jeunes artistes ; autant
« de pièces que possible, avec aussi peu de
« mise en scène que possible, voilà le pro-
« gramme de l'Odéon. »

« C'est le mien. Permettez-moi d'y ajouter un mot, que Ludovic Halévy ne pouvait pas écrire, car il n'aime pas le répertoire, et c'est ma querelle avec lui :

« A la base, il faut l'amour et le culte de Corneille, de Racine, de Molière, de Beaumarchais, de Marivaux... Les acteurs ne se forment qu'en jouant le répertoire. Le public ne se forme qu'en l'entendant jouer.

« A vous,
« Francisque Sarcey. »

« Mon cher ami,

« Si la direction d'un grand théâtre n'était pas affaire d'administration, de commerce même, autant que de littérature, je serais plus à l'aise pour vous répondre, et rien ne serait plus facile à déterminer que le programme idéal de l'Odéon.

« Au premier degré, le Conservatoire ; au second degré, l'Odéon ; au troisième, enfin, la Comédie-Française : voilà pour les acteurs. Ils font au Conservatoire leur première éducation, et ils y apprennent à dire ; ils font à l'Odéon leur éducation professionnelle, et ils y apprennent à jouer ; ils entrent alors chez Molière, et ils y font leurs preuves de talent et d'originalité, s'ils en ont.

« Mais voici pour les auteurs : ils font leur éducation dans nos rhétoriques, si vous le voulez, ou à l'École centrale, depuis qu'un vaudeville se met en équation, comme un problème ; ils s'essayent à l'Odéon et, s'ils le peuvent, ils s'y révèlent ; après quoi la Comédie-Française s'empare d'eux, s'ils le veulent, et elle les consacre.

« Théâtre d'application, dans le vrai sens du mot, et théâtre d'essai, si je puis ainsi dire, tel doit donc être l'Odéon, et, s'il était autre chose, je ne vois pas pourquoi nous lui donnerions 100,000 francs de subvention.

« Il doit entretenir le goût du répertoire et, deux ou trois fois par semaine, il doit jouer Corneille et Racine, Voltaire et Marivaux, Regnard et Beaumarchais, Scribe et Dumas, afin que la tradition ne s'en perde pas ni le prix dont elle est pour les acteurs, pour les auteurs, pour le public.

« Mais, le reste du temps, il joue les jeunes et il donne *les Jobards*, ou *l'Envers d'une sainte*, ou *la Mer*, ou *Grand'mère*, qui réussissent d'ailleurs ou qui ne réussissent pas —

ce n'est pas là le point — mais qui ne répondent pas moins que les représentations classiques à l'objet de son institution.

« Maintenant, avec une salle comme celle de l'Odéon, ce programme est-il réalisable ? A quelles conditions ? Dans quelle mesure ? C'est ce que je ne sais pas. J'indique donc une direction plutôt que je n'arrête un programme. Je ne fais pas de proposition, mais seulement un vœu. Et, à la vérité, je le crois également conforme aux intérêts de l'art et à la tradition, mais je conviens d'ailleurs qu'il y a toute une partie de la question qui m'échappe.

« Croyez, mon cher ami, à mes sentiments très dévoués,

« Ferdinand Brunetière. »

Quelques jours après cette consultation, le Ministre des Beaux-Arts nommait directeurs de l'Odéon MM. Marck et Émile Desbeaux.

ANNEXE

LISTE DES MEMBRES

DES

CERCLES DRAMATIQUES

CITÉS DANS LE VOLUME

CERCLE PIGALLE

MEMBRES HONORAIRES

MM. Louis Buntzli.
Julien Chénevard.
Georges Drapé.
Louis Fournier.
Auguste Gauthier.
Antoine Krauss.

MEMBRES ACTIFS

MM.
Guilllaume Bardach.
Gaston Bérard.
Lucien Blum.
Édouard Brizard.
Alfred Cahen.
Adrien Caro.
Ernest Degrémont.

MM.
Maurice Delamotte.
Isidore Deprez.
Jacques Dreux.
Ambroise Ducoing.
L. Duvignau de Lanneau.
Emmanuel François.
Paul Gaye.

MM.

Jules Gillotte.
André Godchaux.
Edmond Godchaux.
Édouard Hirsch.
Édouard Isidor.
Lucien Isidor.
Henri Larousse.
Paul Lazard.
Alphonse Lévy.
Lucien Lévy.
René Lévy.
Henri Martin.
Fernand Mayer.
Georges Meyer.
Beppino Montefiore.

MM.

Simon Neufeld.
Nicolas Ralli.
Louis Revault.
Hippolyte Réville.
Ernest Sachs.
René Schiller.
Maurice Schloss.
Albert Schwob.
Raymond Schwob.
Joseph Simmonds.
Édouard Spitz.
Alfred Swann.
Charles de Villoutreys.
Paul Zivi.

COMITÉ

MM.

Président d'honneur.................. J. Chénevard.
Président........................... H. Martin.
Vice-président...................... H. Larousse.
Régisseur........................... A. Schwob.
Secrétaire.......................... L. Revault.
Trésorier........................... P. Zivi.
Commissaire de la salle............. G. Bardach.
— de la scène............. L. Fournier.
1er suppléant....................... E. Isidor.
2e suppléant........................ A. Caro.

MEMBRES TEMPORAIRES

MM.
Fernand Depas.
Auguste Durio.
Arnold Fordyce.
Léon Goneau.

MM.
Paul Guébée.
Édouard Michaud.
Albert Thiell.

LES ESCHOLIERS

MM.
Paul Archainbaud.
Maurice Brisson.
Jacques Blumenthal.
Jules Boeswilwald.
Henri Bonneau.
Gaston Bony.
Georges Bourdon.
Brieux.
Le Cercle Pigalle.
Georges Champenois.
Georges Clément.
Henri Colmet d'Aage.

MM.
Henri Cordonnier.
Crétemer.
J.-L.^{r} Croze.
Maurice Davanne.
Delacourt.
Demaria.
Desroziers.
Jacques Dreux.
Tony Dreyfus.
Edmond Dupuy.
Raimond Durand.
Willy Fischer.

MM.

FLEURY-FONTÈS.
HENRI FONTAINE.
GABRIEL FORTIN.
ALPHONSE FRANCK.
ROBERT GANGNAT.
PAUL GAVAULT.
ANDRÉ HILLAIRET.
FÉLIX JAC.
ADOLPHE JACQUESSON.
ERNEST JACQUESSON.
LOUIS JORET.
PIERRE JORET.
VICTOR KLOTZ.
WILLY LA FONTA.
ÉMILE LAISNÉ.
GÉO LANGE.
ALBERT LEFÉBURE.
JACQUES LEFÈVRE.
MAURICE LEFÈVRE.
FRANCK LEFORT.
LÉVY-ALVARÈS.
LINZELER.
LOUIS MALAQUIN.
DE MANOUSSI.
HENRI MARTIN.
RAIMOND MARTIN.
LÉON MICHAUD.
LUCIEN MÜHLFELD.
FROGER DE MAUNY.

MM.

FERNAND MÉNIER.
ALEXANDRE NATANSON.
THADÉE NATANSON.
LOUIS NATANSON.
ALFRED NATANSON.
FRANÇOIS DE NION.
GEORGES PATEL.
HENRI PASCAL.
POCHET.
POIDATZ.
HENRI PIAZZA.
JEAN PSARONDAS.
LOUIS RAPPINI.
GEORGES RIBOULET.
ÉDOUARD DE ROTHSCHILD.
GEORGES ROUSSEL.
GASTON SALANDRI.
ROBERT SCHUHMANN.
ALFRED SCHUHMANN.
ALFRED SWANN.
TARRIDE.
ADOLPHE THALASSO.
GEORGES TIERCY.
VAN DEN HŒVEN.
GEORGES VAYSSIÉ.
VAN BROCK.
VERNUDACHI.
GEORGES WITTERSHEIM.

COMITÉ

Président............................	GEORGES BOURDON.
Vice-président....................	ADOLPHE TALASSO.
Trésorier...........................	WILLY FISCHER.
Secrétaire général	GEORGES RIBOULET.
Directeur de la scène............	TARRIDE.
Régisseur..........................	GÉO LANGE.
Régisseur adjoint................	FLEURY-FONTÈS.
Commissaire intérieur...........	RAIMOND MARTIN.

COMITÉ DE LECTURE

MM.
GEORGES BOURDON.
J.-L. CROZE.
W. FISCHER.
PAUL GAVAULT.

MM.
MICHAUD D'HUMIAC.
GASTON SALANDRI.
ADOLPHE THALASSO.
GEORGES RIBOULET.

LES GAULOIS

MEMBRES ACTIFS

MM.
Lefèvre.
Théo Revel.
Richardot (Dachères).
Duc de Bellune (Victor Le Duc).
Comte de Hults.
Georges Coen.
Gaston Borriglione.
Paul Demaria.
A. Marchand.
Deschamps.
Paul Bru.
Louis Figuier.
Lemonnier.
René François.
P. Ausset.
Mme Lecointre (Luigi Spes).

MM.
Roger.
Michaut.
Mme Eugénie Doche.
Mlle Aug. Scriwaneck.
Hébert.
Théodore Botrel.
Garnier.
Charpentier.
Robert.
Louis Schmoll.
Le Ilec.
Guilmot.
Jean Oberndoeffer.
L.-M. Catherine.
Blaque.
Marius Carpin.

MEMBRES ADHÉRENTS

MM.
Jules de Gastyne.
Junquet.
Pichio.
De Pussy.
Levens.
Chadourne.
Mme de La Tombelle (Camille Bruno).
De Marivault.
Maxime Blum.
Gougue.
Enguerrand de Marigny.
Keller.
Delabonne.
Cilwa.
Tréfouël (Ferlouët).
Destombes.
Miguet.
Girard.
Ador.
Guérillot.
Poutoul.
Antigéon.
Mlle Marie Masse.
Gassot.
Mme Levens-Cherrières.

MM.
Mme Churlet.
Mme Dorval.
Mlle Pottier.
Pages de Noyers.
Ballieu.
Legrandais (Nargel).
Chappuis.
Dolfus (Ferville).
Lombard.
Bravay.
Robert Pillois (de Bigny).
Mlle Lemorié (Raymond).
David Léon.
Rihouet.
Joao de Freitas.
Louis Fains.
Lussy.
Maurice Sansrefus.
Philibert.
H. Barbé.
Berthet.
Porrini-Cordier.
Wladimir Cohn.
Louis Cohn.
Boulière.
Brommar.

MM.
Vaucel.
De Sepach.
Gaillard.
Jules Royer.
Gallerand.

MM.
Hochard.
Paul Scheib.
Fulgéras.
Charles Quinel.
Ponsard.

BUREAU

Président................. Richard Christian.
Vice-président............. Griecmard.
Régisseur général.......... Perreau de Fonterman.
Secrétaire général......... Renard (Lafon).
Trésorier................. Mlle Louise Dumoutier.
Commissaire général........ G. Sansrefus.
— — .... Fondeur.
2e régisseur.............. Fernand.

LE GARDÉNIA

MM.
Alphonse Allais.
Georges Auriol.
Barral.
Bernès.
Alfred Bert.

MM.
Armand Berthez.
Henri Berthier.
J. Berthier.
Mlle Nancy Berthin.
Captain Cap.

MM.
CHALMIN.
PAUL CLERGET.
A. COCHARD.
RENÉ DARDEL.
ERNEST DEBIÈVE.
PAUL DELMET.
F. DESMOULIN.
DUBUT DE LAFOREST.
LIEUTENANT JULES DUCROT.
DUPLAY.
JACQUES FERNY.
PAUL FABRE.
F. FÉDERHPIL.
F. FERNAL.
P. FOURSIN.
GARANDET.
Mme GARANDET-FARGES.
ERNEST GATGET.
CHARLES GALLOT.
VICTOR GERHARDT.
ÉMILE GOUDEAU.
ARMAND GOUPIL.
PAUL HAMELIN.

MM.
FÉLIX HUGUENET.
TH. HUGUENET.
H. JOSEPH.
LÉON LACAULT.
ALFRED LATREILLE.
Mlle GABRIELLE LEGRAND.
LUCIEN LEGENDRE.
MAURICE MINART.
MATRAT.
PAUL MARBEAU.
VICTOR MEUSY.
MAURICE O'REILLY.
JULES PAILLARD.
C.-A. PRÉVOST.
JEAN PRÉVOST.
LOUIS PORNIN.
MAURICE PORNIN.
W.-E. PHILIPPS.
FERNAND ROOMAN.
PAUL VESSILIER.
PAUL WARCOLLIER.
GEORGES WEBB.

BUREAU

Président........................ PAUL FABRE.
Régisseur général................. DUPLAY.
Vice-président................... LOUIS PORNIN.
Secrétaire-trésorier.............. HENRI JOSEPH.

16

CERCLE FUNAMBULESQUE

MM.
Alluaume.
Audiffred.
Aubry.
Brémont.
Brénot.
Barbey.
Van Bergen.
Bouret.
Bourgeois.
Boussenot.
Prince Roland Bonaparte.
Baudelot.
Beurdeley.
Béchet.
Baudoin.
Prince Bibesco.
Béjot.
Cahen.
Carré.
Chapusot.
Claude-Lafontaine.
Colle.
Cerf.
Daupeley.

MM.
David.
Despeaux.
Dufau.
Mme Delisy.
Dubail.
Dufour.
Eiffel.
Eudel.
Fournier.
Froyez.
Gaupillat.
Goudchaux.
Gaudrey.
Godillot.
Gadot.
Guybert de Labeaussèrie.
Guérin.
Gervais.
P. Houette.
A. Houette.
Hüe.
Hugounet.
Hessel.
Hesse.

MM.	MM.
Hermann.	Mariani.
Joret.	Mangin.
De la Juvenie.	Martini.
Jaubert.	Marquet.
Kahn.	Martinet.
Kerveguen.	Nanteuil.
Ch. Kennerley-Hall.	Normand.
Ch. Kennerley-Hall fils.	Pfeiffer.
Lambert.	Picard.
E. Larcher.	Pochet.
F. Larcher.	Poilpot.
Le Bret.	A. Pougin.
A. Lefèvre.	Potin.
Lefeuve.	Pourlier.
R. Lefebvre.	Quentin-Beauchart.
Levet.	Robbe.
Lachassagne.	Roger.
Lataste.	Régamey.
M. Lefèvre.	Saint-Cère.
Laëndler.	De Sauvage.
Lebey.	Sciama.
Malherbe.	Sivarte.
Mannheim.	Salles.
H. Martin.	Stéphen de la Tour.
De Maupeou.	Testard.
F. Meyer.	H. Vever.
Milliet.	De Villeneuve.
De Morgan-Maricourt.	A. Wormser.
Mulot.	L. Worms.

LA RAMPE

MM.	MM.
A. ALPHANDÉRY.	G. LANTELME.
P. ALPHANDÉRY.	P. LÉVY.
M. BARDOU.	DI MARTINELLI.
L. BESNARD.	R. MERMILLIOD.
M. CARPENTIER D'AGNEAU.	G. RAUDIN.
R. DEFERT.	A. TAVERNIER.
A. DELVAILLE.	L. TOURRET.
CH. DOMENECH.	LUC. VAVASSEUR.
A. DUMONT.	L. VAVASSEUR.
L. HOUDAILLE.	M. VAVASSEUR.
J. HOUDAILLE.	P. DU WAST.
L. KINSBOURG.	

COMITÉ

MM.

Président.................. CARPENTIER D'AGNEAU.
Vice-président.............. A. TAVERNIER.
Secrétaire général........... P. DU WAST.
Trésorier................... L. DEFERT.
Archiviste.................. CH. DOMENECH.

TABLE DES MATIÈRES

LE THÉATRE A COTÉ

Pages.

I. — Le goût des Français pour le théâtre. — Les Sociétés d'amateurs. — Les Jeunes-Artistes. — Désaugiers. — L'aile ou la cuisse ? — La jeune fille persécutée. — Napoléon résout la crise théâtrale. — Les Jeunes-Élèves. — Virginie Déjazet...... 1

II. — La Tour-d'Auvergne. — MM. Baron et Bertrand. — Mme de Lissac. — Vive la mère Vénus ! — Une lettre de M. Jean Richepin. — Les Matinées Talbot............... 18

III. — Le cercle Pigalle. — Des vers. — Un curieux article de Th. Gautier.......... 40

IV. — La salle Duprez. — Le ténor Duprez compositeur. — Le temple de la musique. — Les Joyeulx, les Esbaudis et les Toc-Toc. — Le théâtre Vivienne; le legs de la comtesse de Caen, née Ermance Mauchoux.— M. Alphonse Bouvret rêve d'un théâtre lyrique. — Les marionnettes; M. Maurice Bouchor.................. 54

V. — Le théâtre d'Application. — Lord Lyons et le prince de Sagan. — Les matinées-causeries. — La Bodinière.............. 68

VI. — Les Castagnettes. — Les Escholiers. — Le Gardénia. — Le cercle funambulesque.. 84

VII. — Les Gaulois. — Le Masque. — La Rampe. — Les théâtres des Poètes et des Lettres. — P. M. P. — Soirées çà et là. — Indépendants.— Refusés................. 97

VIII. — L'opinion de MM. Alexandre Dumas, Pailleron et Jules Claretie................ 115

IX. — Conclusion....................... 124

UN THÉATRE LYRIQUE ET UN THÉATRE FRANÇAIS POPULAIRES

UN THÉATRE LYRIQUE POPULAIRE

La crise théâtrale......................... 129
Les cafés-concerts........................ 131
Les frais des théâtres..................... 133

Ce que coûte un opéra............................. 134
La mise en scène en Italie......................... 143
Théâtre lyrique ou Opéra populaire ?.............. 148
Le répertoire...................................... 154
Organisation financière............................ 160
Les dépenses et la troupe.......................... 165
Récapitulation..................................... 169
Quelques opinions.................................. 172

UN THÉATRE FRANÇAIS POPULAIRE

La mise en scène.................................. 199
Le répertoire...................................... 203
La troupe.. 207
Frais totaux....................................... 210
Emplacement.. 211
Quelques opinions.................................. 217
L'opinion de Victor Hugo........................... 226

LA DIRECTION DE L'ODÉON

La direction de l'Odéon............................ 235

ANNEXE

Liste des membres des cercles dramatiques cités dans le volume............................. 253

4861. — L.-Imprim. réunies, **B**, rue Mignon, 2. — May et Motteroz, direct.

www.ingramcontent.com/pod-product-compliance
Lightning Source LLC
Chambersburg PA
CBHW070756170426
43200CB00007B/805